KIRTAN

Das kleine Yoga Vidya Kirtan-Buch

Mantras und Liedertexte zum Singen
mit Übersetzungen und Erläuterungen

YOGA VIDYA VERLAG

ॐ

Gewidmet unserem Meister Swami Sivananda

MIX
Papier aus verantwortungsvollen Quellen
FSC® C109521

21. überarbeitete Auflage

Foto "L'alba di San Francesco" von Gianfranco Negri (Nr. 809)

Als Grundlage für *Das kleine Yoga Vidya Kirtan-Buch* dienen u.a. Veröffentlichungen der Divine Life Society (Sivananda Ashram Rishikesh), sowie der Sivananda Yoga Vedanta Zentren. Es wurde seit 1992 von Yoga Vidya zusammengetragen, aufgezeichnet, beständig ergänzt und korrigiert, unter Mitwirkung von Swami Hamsananda, Shri N.V. Karthikeyan, Sukadev Bretz, Eva-Maria Kürzinger und vielen weiteren Sevakas und Mithelfern von Yoga Vidya.

Printed in Germany

ISBN 978-3-931854-22-5

Weitere Sach- und Fachbücher sind zu beziehen über:
Yoga Vidya GmbH, Yogaweg 7, 32805 Horn-Bad Meinberg, Deutschland

INHALTSVERZEICHNIS

ANHANG

EINFÜHRUNG

Das Singen von Mantras in Form von *kīrtan* (gemeinsamen Singen/Rezitieren von heiligen Liedern, Sprüchen; Hymnen) ist eine wunderschöne, freudevolle Methode zur Erweiterung des Bewusstseins. Seit undenklichen Zeiten singen Menschen, um ihren Gefühlen und Empfindungen Ausdruck zu verleihen. In nahezu allen spirituellen Traditionen nimmt das Singen von religiösen Liedern einen wichtigen Stellenwert ein. Höheres Bewusstsein ist eine Erfahrungssache, nicht nur eine Glaubensfrage. Es ist eine jedem Menschen innewohnende Fähigkeit. Im Überbewusstsein erfährst du die Einheit des Seins und das Leben bekommt einen Sinn. Die dabei entstehende Lebensfreude und Kraft helfen dir auch im täglichen Leben.

Um zu diesem höheren Bewusstsein zu kommen, müssen das Ego mit seinen Verhaftungen und der Intellekt, der stets in Zeit, Raum und Kausalität beschränkt ist, transzendiert werden. Im Yoga haben zwar der Intellekt als Unterscheidungskraft und das Ego als Selbstbewusstsein und Selbstvertrauen ihre Funktion und müssen bewusst geschult werden; jedoch solltest du auch in der Lage sein, die Grenzen von Ego und Intellekt zu transzendieren.

Eine der einfachsten und effektivsten Methoden dafür ist das Mantra-Singen (*kīrtan*), manchmal auch Mantra-Chanten genannt. Es hilft, das Herz zu öffnen und innere Gefühle der Liebe, Demut und Anbetung zu wecken. Über die Erweckung dieser reichen inneren Gefühlswelt können die Grenzen des Intellekts leicht transzendiert werden.

Sarasvatī, die Göttin der Musik, der Künste und der Weisheit.

Der Vorteil des Singens in einer unbekannten Sprache wie Sanskrit ist, dass die Worte nicht mit Alltagserfahrungen und Vorurteilen behaftet sind. Mit offenem Geist und vom Herzen ausgehend wird Mantra-Singen eine ganz besondere Erfahrung.

Die Mantras in Sanskrit haben besondere Kraft. Über die Kraft des Klanges können sie die Energiekanäle (*nāḍis*) im Astralkörper reinigen, die cakras erwecken und aktivieren. Bei besonderer Konzentration kann man alleine durch Mantra-Singen die *kuṇḍalinī* (evolutionäre Kraft im Menschen) erwecken.

Es gibt viele Bücher über Mantras. Es gibt

einige wissenschaftliche Untersuchungen über die Wirkungen von Mantras auf Pflanzenwachstum, Heilung von Krankheiten und Veränderung der Gehirnströme. Es gibt Theorien, welche die Schwingung der Mantras mit den Schwingungen der Planeten, geometrischen Formen (*yantras*) und den Grundfarben in Verbindung bringen.

Am meisten erfährst du aber über den Sinn des Mantra-Singens, indem du es vorurteilsfrei ausprobierst. Mantras erscheinen zunächst fremd-artig, vielleicht auch schwierig auszusprechen. Probiere es einfach mit offenem Geist aus. Nach einer Weile können dir die Mantras vertrauter erscheinen als die eigene Sprache. Denn die Klänge der Mantras kommen den Schwingungen unserer tiefsten Gemütszustände am nächsten.

Mantra-Singen ist natürlich nur ein Teilbereich im Yoga. Meister Sivananda betonte stets die Notwendigkeit eines ganzheitlichen Yoga, den er „Integralen Yoga" oder „Yoga der Synthese" nannte: *āsanas* (Körperübungen), *prāṇāyāma* (Atemübungen), Entspannung und richtige Ernährung für die Entwicklung des physischen Körpers und das Erwecken der Energien; selbstlosen Dienst, um den Egoismus zu beseitigen; Mantra-Singen und Verehrung des Göttlichen, um die Kraft der Emotionen in Hingabe und selbstlose Liebe zu transformieren; Studium der Schriften und Selbstanalyse, um den Intellekt zu überwinden; und schließlich Meditation, um tief in das Innere zu tauchen, in die wahre Natur des Seins, genannt das Selbst, Gott, die Wahrheit. Dieses Büchlein soll dich beim Mantra-Singen begleiten. Wir haben einige Erklärungen, Illustrationen, ein detailliertes Inhaltsverzeichnis und einen Index mit allen Gesängen in alphabetischer Reihenfolge beigefügt.

Am schönsten ist es, mit anderen zusammen Mantras zu singen. *Kīrtan* ist jedoch auch erhebend, wenn du allein in deinem Zimmer singst oder bei der Arbeit, beim Fahren oder Gehen. Es gibt verschiedene Yoga Vidya *kīrtan*-CDs, sodass du die Melodien auch zu Hause lernen kannst.

Wir hoffen, das Mantra-Singen macht dir genauso viel Freude wie uns. Für Kommentare und Anregungen sind wir stets dankbar.

Dein Yoga-Vidya-Team

HINWEIS SANSKRIT

Ab dieser Auflage sind die Sanskrit-Wörter in der IAST-Umschrift mit diakritischen Zeichen geschrieben.

a, i, u sind kurze Vokale; **ā, ī, ū, e, o** sind lange Vokale. **c** wird ausgesprochen wie tsch (z.B. *cakra*), **j** wie dsch (z.B. *jagat*) **ṛ** wird ausgesprochen wie ri (z.B. Rishi). **ś** und **ṣ** werden ausgesprochen wie sch (Schule beziehungsweise Shiva). **aḥ** am Ende eines Satzes wird ausgesprochen aha.

→ **Ausführlichere Infos ab Seite 131**

WAS IST KĪRTAN?

Auszüge aus dem Buch *Bhakti Yoga* von Swami Sivananda:

Kīrtan ist das gefühlvolle Singen von Gottes Namen. Dieses Singen hat eine heilende Wirkung sowohl auf den physischen als auch auf die feinstofflichen Körper. Es ist eine ausgezeichnete Methode, um die Nerven zu beruhigen und den Emotionen eine positive Richtung zu geben. Während die Mantras in Sanskrit gesungen werden, kann *kīrtan* in jeder Sprache erfolgen. Auch die christlichen Hymnen kann man als *kīrtan* bezeichnen.

Sanskrit, eine der ältesten Sprachen der Menschheit, wird auch *devanāgarī*, die Sprache der Götter, genannt. Klang, bestehend aus Schwingungen, ist letztlich Energie. Ein Sanskrit-Mantra ist eine mystische Energie, die in einer Klangstruktur eingeschlossen ist. Er besteht aus den Urklängen, ursprünglichen Schwingungen, die aus dem Objekt selbst oder der Handlung entstehen, wofür er benutzt wird. So ist z.B. in fast allen Sprachen „Ma" oder ein ähnlicher Klang die Bedeutung für „Mutter". Es ist der natürliche Laut, mit dem das Kind die Mutter ruft.

Sanskrit-Worte sind ursprüngliche, natürliche Klangmanifestationen. Deshalb benutzen wir sie zum Singen. Man kann Mantras übersetzen, aber die Übersetzung hat nicht die gleiche Kraft. Um die Energie eines Mantras zum Schwingen zu bringen, wiederholen wir ihn mit einem bestimmten Rhythmus. Bei der Wiederholung des Mantras entsteht ein spezifisches Gedankenmuster. Die Energie manifestiert sich. Name und Form sind wie die zwei Seiten einer Medaille: das eine gibt es nicht ohne das andere. Wenn man einen Namen wiederholt, erscheint die entsprechende Form im Geist. Auch wenn man die Form, die mit einem bestimmten Mantra verbunden ist, nicht kennt, so wird doch ein bestimmtes Gedankenmuster im Geist geformt. Diese Gedankenmuster sind positiv, wohltuend und beruhigend.

Im *kuṇḍalinī-yoga* wird gesagt, dass jedes *cakra* eine bestimmte Anzahl von „Blütenblättern" hat, die bestimmte Buchstaben des Sanskrit-Alphabets enthalten. Wenn man Mantras in Sanskrit singt, werden die *cakras* stimuliert und die *kuṇḍalinī-śakti* erweckt.

Mantra-Singen ist die leichteste Art, Gott nahe zu kommen. Im *kali-yuga* (Eisernen Zeitalter) ist *kīrtan* der beste Yoga. In jedem Wort ist Kraft. Genauso wie der Name eines Objektes in dieser Welt die Vorstellung dieses Objektes in unserem Geist hervorruft, so ruft der Name Gottes ein Gottes-Bewusstsein im gereinigten Geist hervor und bereitet so den Boden zur höchsten Gottesverwirklichung.

Musik ist Yoga des Klanges. Die verschiedenen Musiktöne haben ihre eigenen subtilen Kanäle (*nāḍis*) in den Energiezentren (*cakras*). Musik bringt diese Kanäle zum Schwingen, reinigt sie und erweckt die darin schlafende psychische und spirituelle Kraft.

Kīrtan berührt und öffnet das Herz, erfüllt den Geist mit Reinheit und bringt Harmonie und göttliche Liebe. Wer den Namen Gottes singt, vergisst den Körper und die Welt.

Selbst mechanisches Singen bringt noch eine gewisse Wirkung. Wenn man jedoch mit Hingabe und Gewahrsein der Bedeutung singt, so sind die Wohltaten unermesslich.

Swami Sivananda (1887-1963), einer der großen Yogameister des 20. Jahrhunderts

Abfolge der Mantras in einem Satsang

- 20-45 Minuten stille Meditation
- Om Om Om
- Jaya gaṇeśa (Nr. 2)
- 1-3 *kīrtans*
- Om Om Om śāntiḥ ...
- Lesung oder Vortrag
- Om Om Om
- Mahā-mṛtyuñjaya-mantra (Nr. 800)
- Friedensgebete (Nr. 801)
- Allumfassendes Gebet (Nr. 802)
- Āratī – Lichtzeremonie (Nr. 804)
- Tvam eva mātā (Nr. 805)

JAYA GAṆEŚA

Im Jaya gaṇeśa rufen wir die verschiedenen göttlichen Aspekte und Kräfte in uns und um uns herum an. Damit öffnen wir das Herz für Liebe und Hingabe. Eine sehr reine Schwingung entsteht.

Beim Mantra-Singen sind drei Punkte wichtig: 1. die richtige Aussprache, 2. die Hingabe, 3. das Gewahrsein der Bedeutung.

Im Mantra-Yoga werden die höheren Kräfte im Universum und die höheren Aspekte unseres Bewusstseins personifiziert und manchmal als „Götter" bezeichnet. In der *vedānta*-Philosophie gibt es nur eine unmanifestierte Wahrheit, das Absolute (*brahman*). *Brahman* ist eigenschaftslos, unendlich, unveränderlich.

Brahman manifestiert sich im Universum als īśvara (persönlicher Gott), der allgegenwärtig, allmächtig, allwissend ist, der das Universum erschafft (Brahmā), erhält (Viṣṇu) und zerstört (Śiva). Ein Prinzip im Yoga (wie auch in der Esoterik) lautet: Wie oben, so unten. Wie im Makrokosmos, so im Mikrokosmos. *Brahman* manifestiert sich im Individuum als das Höchste Selbst (*ātman*).

Götter und Göttinnen symbolisieren die verschiedenen Aspekte der Kraft des Absoluten, wie auch höhere Kräfte in uns. Man könnte sie mit den Archetypen im Sinne C. G. Jungs vergleichen. Durch Wiederholen der Mantras schwingen wir uns ein auf diese kosmischen und höheren inneren Kräfte. Da alles im manifestierten Universum in der Polarität ist, hat in der hinduistischen Mythologie jeder Aspekt der Wahrheit eine männliche (Deva) und eine weibliche (Devī, Śakti) Manifestation.

1. Om Om Om

Om ist der ursprüngliche Mantra. Om besteht eigentlich aus drei Buchstaben:

A U M – repräsentiert alle Trinitäten und das, was sie transzendiert:

- Schöpfung-Erhaltung-Zerstörung
- Vergangenheit-Gegenwart-Zukunft
- Physischer Körper-Astralkörper-Kausalkörper

2. Jaya gaṇeśa mit kurzen Erläuterungen

jaya gaṇeśa jaya gaṇeśa
jaya gaṇeśa pāhi mām /
śrī-gaṇeśa śrī-gaṇeśa
śrī-gaṇeśa rakṣa mām // 1 //

Anrufung der Energie Gaṇeśas, um Hindernisse zu beseitigen und anfangen zu können.

śaravaṇabhava śaravaṇabhava
śaravaṇabhava pāhi mām /
subrahmaṇya subrahmaṇya
subrahmaṇya rakṣa mām // 2 //

Anrufung der Energie Śaravaṇabhavas für Schutz und innere Kraft.

jaya sarasvati jaya sarasvati
jaya sarasvati pāhi mām /
śrī-sarasvati śrī-sarasvati
śrī-sarasvati rakṣa mām // 3 //

Anrufung der Energie Sarasvatīs zur Erhöhung von Intuition, Kreativität, geistiger Offenheit und Erlangung von Weisheit.

jaya guru śiva-guru
hari-guru rām /
jagadguru param(a)guru
sadguru śyām // 4 //

om ādi-guru advaita-guru
ānanda-guru om /
cid-guru cid-ghana-guru
cin-maya-guru om // 5 //

Anrufung der Energie des guru, der inneren Führung sowie des spirituellen Lehrers.

hare rāma hare rāma
rāma rāma hare hare /
hare kṛṣṇa hare kṛṣṇa
kṛṣṇa kṛṣṇa hare hare // 6 //

Mantra zur Entwicklung von Lebensfreude und Hingabe.

oṃ namaḥ śivāya (4x) // 7 //

Anrufung der Energie von Śiva, um unser eigenes Selbst zu verwirklichen und Negativitäten zu beseitigen.

oṃ namo nārāyaṇāya (4x) // 8 //

Anrufung der Energie Viṣṇus, um Gott in allen Wesen und im ganzen manifesten Universum zu sehen.

om namo bhagavate
vāsudevāya (2x) // 9 //

Anrufung der Energie von Kṛṣṇa (Vāsudevā), einer Inkarnation von Viṣṇu, die Liebe und Freude symbolisiert.

oṃ namo bhagavate
śivānandāya
oṃ namo bhagavate
sadgurunāthāya // 10 //

Anrufung der Energie des Yogameisters Swami Sivananda

śrī-rām jaya rām
jaya jaya rām om (2x) // 11 //

Anrufung der Energie von Rāma, um ethische Stärke zu entwickeln und ein tugendhaftes Leben zu führen.

kṛṣṇaṃ vande jagadgurum,
śrī-kṛṣṇaṃ vande jagadgurum // 12 //

Gruß an Kṛṣṇa, den Weltenlehrer.

ānando 'ham ānando 'ham
ānandaṃ brahmānandam // 13 //

Ich bin Wonne. Ich bin Wonne.
Absolute Wonne, Wonne bin ich.

oṃ namaḥ śivāya (4x) // 14 //

Anrufung der Energie von Śiva.

3. Jaya gaṇeśa mit genaueren Erläuterungen und Variationen

jaya gaṇeśa jaya gaṇeśa
jaya gaṇeśa pāhi mām /
śrī-gaṇeśa śrī-gaṇeśa
śrī-gaṇeśa rakṣa mām // 1 //

Dies ist ein Mantra Gaṇeśas. Gaṇeśa, der elefantenköpfige Gott, symbolisiert die Beseitigung aller Hindernisse.

Stelle dir einen Elefanten im Dschungel vor. Er beseitigt jedes Hindernis auf dem Weg mit Leichtigkeit. So bitten wir Gott am Anfang jedes Unternehmens, alle Hindernisse auf dem Weg zu beseitigen. „jaya" bedeutet „Sieg" oder „siege". „pāhi mām" und „rakṣa mām" bedeuten „schütze mich".

śaravaṇabhava śaravaṇabhava
śaravaṇabhava pāhi mām /
subrahmaṇya subrahmaṇya
subrahmaṇya rakṣa mām // 2 //

Śaravaṇabhava steht für die Beseitigung aller negativen Einflüsse (Zorn, Gier, etc.) auf dem inneren und äußeren Schlachtfeld, auf der physischen und auch der feinstofflichen Ebene (negative Astralwesen, etc.).

jaya sarasvati jaya sarasvati
jaya sarasvati pāhi mām /
śrī-sarasvati śrī-sarasvati
śrī-sarasvati rakṣa mām // 3 //

Sarasvatī ist die Göttin der Künste und der Weisheit. Das Anrufen ihres Namens verleiht Intelligenz, erweckt schlafende, insbesondere kreative Fähigkeiten, und gibt Erfolg in akademischen Projekten. Musik, bildende Künste, Intuition, mystisches und akademisches Wissen, Liebe, Schönheit, Harmonie und Unterscheiungskraft werden alle mit Sarasvatī in Verbindung gebracht. Auf dem spirituellen Pfad symbolisiert Sarasvatī die Bereitschaft des Aspiranten, offen zu sein für Neues und lernen zu wollen.

jaya śrī-lakṣmi jaya śrī-lakṣmi
jaya śrī-laksmi pāhi mām /
mahālakṣmi mahālakṣmi
mahālakṣmi rakṣa mām // 4 //

Lakṣmī ist die Göttin von Schönheit, Fülle und Reichtum. Wie eine Mutter gibt sie alles, was die Lebewesen auf der Erde brauchen. Auf der spirituellen Ebene repräsentiert sie die Ansammlung von positiven Charaktereigenschaften und prāna. Sie ist die Gemahlin von Viṣṇu, dem Erhalter.

jaya śrī-durge jaya śrī-durge
jaya śrī-durge pāhi mām /
mahākāli mahākāli
mahākāli rakṣa mām // 5 //

Durgā repräsentiert das Ideal der mütterlichen Liebe. Sie ist die Gemahlin (Energie-Aspekt) von Śiva.

Kālī, die schwarze Göttin, erscheint furchterregend, ist aber sanft und freundlich zu ihren VerehrerInnen. Sie verlangt absolute Hingabe.

rājarājeśvari rājarājeśvari
rājarājeśvari pāhi mām /
tripurasundari tripurasundari
tripurasundari rakṣa mām // 6 //

Beinamen der Kosmischen Mutter: Königliche Göttin; Schöne der drei Welten.

gaṅgā-rānī gaṅgā-rānī
gaṅgā-rānī pāhi mām /
bhāgīrathi bhāgīrathi
bhāgīrathi rakṣa mām // 7 //

Beinamen der Ganga (Fluss Ganges), welche alle reinigt, die mit ihr in Kontakt treten. Ganga symbolisiert die reinigende Kraft der Liebe und Hingabe.

brahmā-śakti viṣṇu-śakti
śiva-śakti om
ādi-śakti parā-śakti
mahāśakti om
devī-śakti māyā-śakti
guru-śakti om
icchā-śakti kriyā-śakti
jñāna-śakti om // 8 //

Śakti, die Kosmische Energie, ist die Kraft hinter Schöpfung (Brahmā), Erhaltung (Viṣṇu) und Zerstörung (Śiva). Sie ist ursprünglich (ādi), transzendent (parā), großartig (mahā). Śakti ist die Göttin (devī), die Ursache der Illusion (māyā) und der Befreiung (guru). Śakti manifestiert sich als Willenskraft (icchā), Handlung (kriyā) und Erkenntnis (jñāna).

jaya guru śiva-guru
hari-guru rām /
jagadguru param(a)guru
sadguru śyām // 9 //

om ādi-guru advaita-guru
ānanda-guru om /
cid-guru cid-ghana-guru
cin-maya-guru om // 10 //

Guru wird erklärt als „der die Dunkelheit vertreibt". Guru ist das Prinzip des Geführt-Werdens. Guru manifestiert sich auf drei Ebenen: 1. Als innere Stimme im Herzen jedes Einzelnen. 2. Als die Welt und alle Erfahrungen, die als Schule zu unserer Weiterentwicklung gesehen werden können. 3. Als ein konkreter Mensch, der die Gottverwirklichung erreicht hat und uns dann als Meister auf dem spirituellen Weg führen kann.

Das Prinzip des Guru nimmt die Form von Śiva (Zerstörung), Hari (Viṣṇu, der Erhalter) und Rāma (Freude) an.

Er ist die Welt (jagat), er kommt vom Höchsten (param) und hilft uns, zur Wahrheit (sat) zu kommen. Er ist ohne Anfang (ādi), überall (advaita), bringt Wonne (ānanda) und Wissen (cidghana). Durch den Guru lernen wir, die Täuschung (māyā) zu überwinden (cinmaya).

hare rāma hare rāma
rāma rāma hare hare /
hare kṛṣṇa hare kṛṣṇa
kṛṣṇa kṛṣṇa hare hare // 11 //

Dies wird als Mahā Mantra (Großer Mantra) für dieses Eiserne Zeitalter (kali-yuga) bezeichnet. Dieser Mantra bringt uns Freude, und Reinheit im Herzen.

Er kann auch für den Frieden in der Welt gesungen werden. Hari ist einer der Namen von Viṣṇu.

sadgurunātha śrī-gurunātha
jaya gurunātha śivānanda /
śivānanda śivānanda
śivānanda sadgurudeva // 12 //

Gruß dem selbstverwirklichten (sadguru) Meister (nātha) Swami Sivananda.

oṃ namaḥ śivāya (4x) // 13 //

Dies ist der Mantra von Śiva, dem Zerstörer aller Negativitäten. Śiva symbolisiert unser wahres Selbst, das uns die Kraft gibt, unsere negativen Charaktereigenschaften zu überwinden. Das Wiederholen dieses Mantras gibt uns die Kraft, regelmäßig in unserer spirituellen Praxis zu sein. Śiva steht auch für die Überwindung von schlechtem karma. „namah" bedeutet „Verehrung".

oṃ namo nārāyaṇāya (4x) // 14 //

Nārāyana (Viṣṇu) ist der Erhalter des Universums. Er ist die Verkörperung von Güte, Gerechtigkeit und Barmherzigkeit. Er repräsentiert die alldurchdringende Kraft, die das Universum und die kosmische Ordnung erhält. Viṣṇu ist das Prinzip des Helfens, des Dienens und der sozialen Verantwortung. Śiva ist das Sehen Gottes in unserem Innern. Viṣṇu ist das Sehen von Gott in allen anderen und in der Welt.

***oṃ namo nārāyaṇāya** ist auch ein Mantra, der längere Zeit für den Frieden in der Welt wiederholt werden kann.*

oṃ namo bhagavate
vāsudevāya (2x) // 15 //

Vāsudeva (Kṛṣṇa) gilt als achte Inkarnation Viṣṇus. Er war ein großer Weisheitslehrer der Menschheit, der die Bhagavad-Gītā verkündet hat. Kṛṣṇa repräsentiert Freude, Heiterkeit und das Sehen von Gott in allem.

oṃ namo bhagavate
pāṇḍuraṅgāya (2x) // 16 //

Pāṇḍuraṅga ist einer der Namen Viṣṇus.

oṃ namo bhagavate
śivānandāya (2x) // 17 //

oṃ namo bhagavate
sadgurunāthāya (2x) // 18 //

Gruß an Sivananda,
den selbstverwirklichten Meister.

śrī-rām jaya rām
jaya jaya rām om (2x) // 19 //

Rāma gilt als die siebte Inkarnation Viṣṇus. Rāma repräsentiert Gerechtigkeit, das Leben nach hohen ethischen Idealen, die Spiritualisierung aller Handlungen, insbesondere der scheinbar weltlichen Handlungen.

āñjaneya āñjaneya
āñjaneya pāhi mām /
hanumanta hanumanta
hanumanta rakṣa mām // 20 //

Hanumān, auch Āñjaneya genannt,
ist der affengestaltige Verehrer Rāmas.
Er verkörpert die Kraft der Hingabe.

dattātreya dattātreya
dattātreya pāhi mām /
datta-guru datta-guru
datta-guru rakṣa mām // 21 //

Dattātreya gilt als Inkarnation von Brahmā, Viṣṇu und Śiva. Er ist einer der frühen Yogameister.

śaṅkarācārya śaṅkarācārya
śaṅkarācārya pāhi mām /
advaita-guru advaita-guru
advaita-guru rakṣa mām // 22 //

Der große Meister (ācārya) Śaṅkara lebte im 9. Jh. n. Chr. Er war ein großer Philosoph des kevalādvaita-vedānta (bedingungslose non-dualistische, monistische Philosophie des Absoluten). Er war der Begründer der Orden der Daśanāmī Svāmīs, denen Swami Sivananda angehörte.

śaṅkarācārya śaṅkarācārya
śaṅkarācārya pāhi mām /
bhagavatpāda bhagavatpāda
bhagavatpāda rakṣa mām // 23 //

sadgurudeva sadgurudeva
sadgurudeva pāhi mām /
śivānanda śivānanda
śivānanda rakṣa mām // 24 //

Anrufung von Swami Sivananda als großem Weisheitslehrer

gaṅgā-rānī gaṅgā-rānī
gaṅgā-rānī pāhi mām /
bhāgīrathi bhāgīrathi
bhāgīrathi rakṣa mām // 25 //

---

oṃ śakti oṃ śakti
oṃ śakti pāhi mām /
brahmā-śakti viṣṇu-śakti
śiva-śakti rakṣa mām // 26 //

om ādi-śakti mahāśakti
parā-śakti pāhi mām /
icchā-śakti kriyā-śakti
jñāna-śakti rakṣa mām // 27 //

rājarājeśvari rājarājeśvari
rājarājeśvari pāhi mām /
tripurasundari tripurasundari
tripurasundari rakṣa mām // 28 //

---

kṛṣṇaṃ vande jagadgurum,
śrī-kṛṣṇaṃ vande jagadgurum // 29 //

Gruß an Kṛṣṇa, den Weltenlehrer.

ānando 'ham ānando 'ham
ānandaṃ brahmānandam // 30 //

Ich bin Wonne. Ich bin Wonne.
Absolute Wonne, Wonne bin ich.

sacarācara-paripūrṇa-śivo 'ham
nityānanda-svarūpa-
śivo 'ham // 31 //

ānando 'ham ānando 'ham
ānandaṃ brahmānandam // 32 //

sākṣi-caitanya-kūṭastho 'ham /
nityānitya-svarūpa-śivo 'ham // 33 //

ānando 'ham ānando 'ham /
ānandaṃ brahmānandam // 34 //

Meine wahre Natur ist unsterblich, ewig, rein, unendlich. Ich bin reines Bewusstsein, unbeteiligter Beobachter von allem.
Ich bin Śiva, eins mit dem Göttlichen.

---

oṃ tat sat, oṃ tat sat,
oṃ tat sat, om /
oṃ śantiḥ, oṃ śantiḥ,
oṃ śantiḥ, om // 35 //

oṃ namaḥ śivāya
śivāya nama om
śivāya nama om
oṃ namaḥ śivāya

śiva śiva śiva śiva
śivāya nama om
hara hara hara hara
namaḥ śivāya

sāmba-sadāśiva (3x)
sāmba-śiv(a) om

śiva śiva śaṅkara
hara hara śaṅkara
jaya jaya śaṅkara
namāmi śaṅkara

śivāya nama om (3x)
namaḥ śivāya

oṃ namaḥ śivāya (4x) // 36 //

4. Nāma-kīrtana

oṃ namo nārāyaṇāya // 1 //

Dieser Mantra wird insbesondere für den Frieden der Welt gesungen. Du kannst dir bei der Wiederholung dieses Mantras vorstellen, dass du Schwingungen der Liebe, der Harmonie und des Friedens in alle Richtungen schickst.

oṃ śrī-durgāyai namaḥ // 2 //

Anrufung der Energie Durgās, der selbstlosen Liebe.

oṃ namo bhagavate
śivānandāya // 3 //

Anrufung der Energie des Yogameisters Swami Sivananda

oṃ hrīṃ śrīṃ klīṃ kṛṣṇāya
govindāya gopī-jana-vallabhāya
namaḥ // 4 //

om aiṃ hrīṃ klīṃ
cāmuṇḍāyai vicce namaḥ // 5 //

Dies ist der Śakti Mantra, der alle cakras (Energiezentren im Astralkörper) anregt und harmonisiert.

om aiṃ tripurādevyai ca vidmahe
klīṃ kāmeśvaryai ca dhīmahi
sauṃ tan naḥ
klinne pracodayāt // 6 //

Anrufung verschiedener Aspekte wie Sarasvatī (Weisheit, Kreativität) und Lakṣmī (Schönheit, Wohlergehen, Wohlstand auf allen Ebenen, Mitgefühl).

oṃ namo nārāyaṇāya
dāso 'haṃ tava keśava

oṃ hrīṃ namaḥ śivāya

Shiva Mantra mit Bija Mantra Hrim.

oṃ śāntiḥ śāntiḥ śāntiḥ
om Frieden Frieden Frieden // 7 //

Śānti bedeutet Frieden. Wir wiederholen śānti drei Mal, um die Schwingung des Friedens in die physische, astrale und kausale Welt zu tragen.

LIEDER VON SWAMI SIVANANDA

Swami Sivananda lebte von 1887-1963. Nach einer erfolgreichen Karriere als Arzt entsagte er der Welt, praktizierte intensiv Yoga und Meditation und erreichte die Gottverwirklichung. Dann widmete er sein Leben der Erweckung und Anleitung der spirituellen Sucher. Er schrieb mehr als 300 Bücher.

Besonders inspirierend sind die von ihm komponierten Lieder. Wenn die Menschen seiner kraftvollen Stimme lauschten, fühlten sie einen tiefen inneren Frieden und große Kraft.

Noch heute spüren viele, die Swami Sivanandas Lehren praktizieren, seine Energie, Führung, Liebe und Gnade.

Swami Sivananda

50. Sunā jā

sunā jā, sunā jā, sunā jā kṛṣaṇa
tū gītā-vālā jñāna sunā jā kṛṣaṇa
// 1 //

pilā jā, pilā jā, pilā jā kṛṣaṇa
tū prema-bhara pyālā pilā jā kṛṣaṇa
// 2 //

dikhā jā, dikhā jā, dikhā jā kṛṣaṇa
tū mohana-mūrti dikhā jā kṛṣaṇa
// 3 //

sunā jā, sunā jā, sunā jā kṛṣaṇa
tū gītā-vālā jñāna sunā jā kṛṣaṇa
// 4 //

cidānand cidānand cidānanda hū̃
har(a) hāla mẽ almasta
saccidānanda hū̃
// 5 //

51. Cidānand

cidānand cidānand
cidānanda hū̃
har(a) hāla mẽ almasta,
saccidānanda hū̃ // 1 //

Knowledge, bliss, knowledge,
bliss, bliss absolute,
in all conditions I am knowledge,
bliss absolute. // 2 //

ajarānand, amarānand,
acalānanda hū̃
har(a) hāla mẽ almasta,
saccidānanda hū̃ // 3 //

I am without old age,
without death, without motion,
in all conditions I am
knowledge, bliss absolute. // 4 //

I am without fear, without worry,
bliss absolute, existence
absolute, knowledge absolute,
independent, unchanging,
non-dual ātman,
immortal ātman,
advaita ātman,
eternal, pure, perfect
knowledge absolute,
bliss absolute,
existence absolute. // 5 //

52. Cidānand

Deutsche Übersetzung

Wissen, Wonne, Wissen, Wonne,
absolute Wonne.
Absolutes Wissen, Wonne
bin ich jederzeit.
Jenseits von Veränderung,
Krankheit und Tod
Absolutes Wissen, Wonne
bin ich jederzeit

53. Serve, Love, Give, Purify, Meditate, Realize

Serve, love, give, purify, meditate,
realize, be good, do good, be kind,
be compassionate. // 1 //

Adapt, adjust, accomodate,
bear insult, bear injury:
highest yoga,
bear insult, bear injury:
highest sādhana. // 2 //

Enquire: 'Who am I?'
Know thyself and be free.
oṃ tat sat, oṃ tat sat,
oṃ tat sad om
oṃ śāntiḥ, oṃ śāntiḥ,
oṃ śāntiḥ om // 3 //

Brahman is the only real entity.
Mr. So-and-so is a false non-entity.

cidānanda cidānanda
cidānanda hū̃
har hāla mẽ almasta,
saccidānanda hū̃ // 4 //

54. Serve, Love, Give, ...

Deutsche Übersetzung

Diene, liebe, gib, reinige dich,
meditiere und verwirkliche.
Sei gütig, tue Gutes, sei mitfühlend.

Versöhne dich, sei flexibel
und geh' auf andere ein.
Trage Kränkung, trage
Schmähung, höchster Yoga.
Trage Kränkung, trage
Schmähung, höchstes sādhana.

Frag' „Wer bin ich?",
erkenn' dein Selbst und sei frei.
oṃ tat sat, oṃ tat sat,
oṃ tat sad om
oṃ śāntiḥ oṃ Shalom
oṃ Frieden oṃ

Brahman ist die einzige
Wirklichkeit.
Herr So-und-So ist eine falsche
Nicht-Identität.

55. Song of Eighteen 'Ities'

śrī rām jaya rām jaya jaya ram om
śrī rām jaya rām jaya jaya ram

Serenity, regularity, absence of
vanity, sincerity, simplicity, veracity,
equanimity, fixity, non-irritability,
adaptability, humility, tenacity,
integrity, nobility, magnanimity,
charity, generosity, purity –

practise daily these eighteen 'ities',
you will soon attain immortality. // 1 //

You'll abide in eternity and infinity.
You'll behold unity in diversity. // 2 //

śrī rām jaya rām jaya jaya ram om
śrī rām jaya rām jaya jaya ram

Deutsche Version:

Heiterkeit, Regelmäßigkeit,
Uneitelkeit, Lauterkeit,
Einfachheit, Wahrhaftigkeit
Ausgeglichenheit, Beständigkeit,
Fehlen von Reizbarkeit,
Anpassungsfähigkeit,
Bescheidenheit, Zuverlässigkeit
Rechtschaffenheit, Höflichkeit,
Großzügigkeit, Wohltätigkeit,
Freundlichkeit, Lauterkeit –

Übe tägliche diese Achtzehnkeiten,
verwirkliche so die Unsterblichkeit.

Wohne in Ewigkeit und Unendlichkeit.
Schaue Einheit in Verschiedenheit.

56. Is There Not a Nobler Mission?

Is there not a nobler mission than
eating, drinking and sleeping?
It is difficult to get a human birth,
therefore try your best to realize
in this birth. // 1 //

When your throat is choked at the
time of death, who will help you
for your salvation? // 2 //

Time sweeps away kings and barons.
Where is Napoleon? Where is
Nehru? // 3 //

Time sweeps away presidents and
prime ministers. Where is Gandhiji?
Where is Kennedy? // 4 //

How can you expect real śānti,
if you waste your time in cards and
novels, if you waste your time in cards
and cinemas, in scandal, back-biting,
in idle gossiping? // 5 //

Be up and doing yogic sādhana,
you will attain immortality.
Be up and doing jap(a) and meditation,
you will attain supreme peace.
Be up and doing āsana and
prāṇāyām(a), you will attain
supreme health. // 6 //

hare rāma hare rāma
rāma rāma hare hare /

hare kṛṣṇa hare kṛṣṇa
kṛṣṇa kṛṣṇa hare hare // 7 //

57. Is There Not a Nobler Mission?

Deutsche Übersetzung

Hat das Leben nicht einen
höheren Sinn als essen,
trinken und schlafen?
Menschliche Geburt
ist ein wertvolles Gut,
daher streng dich an,
dich zu verwirklichen.

Wenn du im Tode den Körper
verlässt, wer wird da sein
zu deiner Rettung?

Zeit fegt Fürsten und Könige weg.
Wo ist Napoleon, wo ist Nehru?

Zeit fegt Kanzler und Präsidenten
weg. Wo ist Adenauer, wo ist
Gandhi?

Wie kannst du den wahren
Frieden finden,
wenn du deine Zeit
mit Spiel und Klatsch vertust?
Wenn du deine Zeit vor dem
Fernseher vertust, mit Kino,
Radio, Romanen, Zeitung?

Wach auf und übe yoga sādhana,
du wirst dein Selbst verwirklichen.
Wach auf und übe japa
und Meditation, du wirst
höchsten Frieden finden.
Wach auf und übe āsanas,
prāṇāyāma, du wirst gesund
und dynamisch sein.

58. Song of Will – so 'ham

bhajo rādhe-kṛṣ(a)ṇa,
bhajo rādhe-śyāma (4x) // 1 //

om om om om om,
om om om om om (4x) // 2 //

so 'ham so 'ham,
so 'ham śivo 'ham (4x) // 3 //

I am that I am,
I am that I am. (2x) // 4 //

I am neither body nor mind,
immortal Self am I,
I am neither body nor mind,
immortal Self am I. // 5 //

Nothing can harm me,
nothing can touch me,
I am neither body nor mind,
immortal Self am I. // 6 //

I am not this body,
this body is not mine,
I am not this mind,
this mind is not mine. // 7 //

I am not this prāṇa,
this prāṇa is not mine,
I am not these senses,
these senses are not mine. // 8 //

I am not this intellect,
this intellect is not mine,
I am not these emotions,
these emotions are not mine. // 9 //

I am that I am,
I am that I am. (2x) // 10 //

I am witness of three states,
existence absolute,

I am witness of three states,
knowledge absolute. // 11 //

I am witness of three states,
bliss absolute,
I am witness of three states,
bliss absolute. // 12 //

I am saccidānanda,
I am saccidānanda,
existence, knowledge,
bliss absolute. // 13 //

I am mind of all minds,
prāṇa of all prāṇas,
I am soul of souls,
self of all selves. // 14 //

I am ātman in all beings,
apple of all eyes,
I am sun of all suns,
light of all lights. // 15 //

I am praṇava of all vedas,
brahman of upaniṣads,
I am silence in forest,
thunder in all clouds. // 16 //

I am velocity in electrons,
motion in science,
I am effulgence in the sun,
wave in the radio. // 17 //

I am support of this world,
soul of this body,
I am ear of all ears,
eye of all eyes. // 18 //

I am power in electricity,
intelligence in mind,
I am brilliance in fire,
penance in ascetics. // 19 //

I am reason in philosophers,
will in jñānīs,
I am prem in bhaktas,
samādhi in yogīs. // 20 //

bhajo rādhe-kṛṣ(a)ṇa,
bhajo rādhe-śyāma (2x) // 21 //

Will is ātmabal, will is dynamic,
have a strong will
and realize ātman. // 22 //

Your will has become weak
through various desires,
destroy them to the root
by vivek(a), vairāg(ya), tyāg(a). // 23 //

My will is powerful,
I can blow up mountains,
I can stop the ocean waves,
I can command elements. // 24 //

I can command nature,
I am one with the cosmic will,
I can dry up the ocean
like Muni Agastya. // 25 //

My will is pure and strong,
no one can resist,
I can influence people,
I always get success. // 26 //

I am whole and hearty,
I am always joyful,
I radiate joy and peace
to a million distant friends. // 27 //

I am yogī of yogīs,
I am emperor of emperors,
I am king of all kings,
shah of all shahs. // 28 //

I can heal millions

from a long distance.
This is due to will,
therefore develop attention. // 29 //

Develop patience
and have command of temper,
control the indriyas
and practice meditation. // 30 //

Have power of endurance
and practice self control,
all these will help you
to develop your will. // 31 //

so 'ham so 'ham,
so 'ham śivo 'ham (2x) // 32 //

bhajo rādhe-kṛṣ(a)ṇa,
bhajo rādhe-śyāma (2x) // 33 //

59. So 'ham

Deutsche Übersetzung

so 'ham so 'ham, so 'ham śivo 'ham
so 'ham so 'ham, so 'ham śivo 'ham
bhajo rādhe-kṛṣ(a)ṇa
bhajo rādhe-śyāma
Ich bin das ich bin,
ich bin das ich bin.
Ich bin weder Körper noch Geist,
unsterbliches Selbst bin ich.
Ich bin nicht dieser Körper,
dieser Körper ist nicht mein.
Ich bin nicht dieser Geist,
dieser Geist ist nicht mein.
Ich bin nicht dieser prāṇa,
dieser prāṇa ist nicht mein.
Ich bin nicht diese Sinne,
diese Sinne sind nicht mein.
Ich bin nicht dieser Intellekt,
dieser Intellekt ist nicht mein.
Ich bin nicht die Gefühle,
diese Gefühle sind nicht mein.
Ich bin saccidānanda,
saccidānanda,
Sein, Wissen und Glückseligkeit.
Ich bin der Geist aller Geister,
der prāṇa aller prāṇas.
Ich bin die Seele der Seelen,
Das Selbst allen Selbsts.
Ich bin ātman in allen Wesen,
Augapfel aller Augen.
Ich bin die Sonne aller Sonnen,
das Licht aller Lichter.
Ich bin der praṇava der Veden,
brahman der Upanishads.
Ich bin die Stille in den Wäldern,
der Donner in den Wolken.
Ich bin die Geschwindigkeit
in Elektronen,
Bewegung in der Wissenschaft.
Ich bin der Glanz in der Sonne,
die Welle im Radio.
Ich bin Träger dieser Welt,
Seele dieses Körpers.
Ich bin Ohr aller Ohren,
Auge aller Augen.
Ich bin die Kraft der Elektrizität,
Intelligenz im Geist.
Ich bin das Leuchten im Feuer,
die Kasteiung im Asketen.
Ich bin die Vernunft der
Philosophen, Wille der jñānīs.
Ich bin prem in bhaktas,
samādhi der yogīs.

bhajo rādhe-kṛṣ(a)ṇa. ... (4×)

Wille ist ātmabal,
Wille ist dynamisch.
Entwickle einen starken Willen
und erkenne dein Selbst.
Dein Wille ist geschwächt
durch Wünsche und Begierden.
Zerstöre sie an der Wurzel
durch vivek(a), vairāg(ya), tyāg(a).
Mein Wille ist machtvoll,
kann Berge versetzen,
kann die Natur beherrschen,
ich bin eins mit dem Kosmischen.
Mein Wille ist rein und stark,
nichts steht ihm entgegen.
Ich kann Menschen führen,
ich habe stets Erfolg.
Ich bin heiter und glücklich.
Ich bin immer guter Dinge.
Ich strahle Freude und Frieden
zu Freunden in der ganzen Welt.
Ich bin der yogī der yogīs,
ich bin der Kaiser der Kaiser.
Ich bin der König der Könige,
der Fürst aller Fürsten.
Ich kann Millionen Menschen
von weitem heilen.
Das kommt von meinem
starken Willen.
Entwickle Geduld
und beherrsche dein Gemüt.
Kontrolliere die Sinne
und meditiere.
Entwickle Ausdauer
und übe Selbstbeherrschung.
All dies wird dir helfen
zu großer Willenskraft.

60. Song of Salutation

Refrain 1:

Rāma Rāma Rāma Rāma Rāma
Rāma Rāma Rāma Rāma
Śrī-Rāma Rāma Rāma, jaya jaya Rāma
Rāma Rāma Rāma Rāma Rāma
Rāma Rāma Sītā-rāma // 1 //

He who dwells in the heart of bhaktas,
he who destroyed Laṅkā Rāvaṇ(a),
he who ate the fruits of Śabarī,
to him I give my salutations.
Rāma Rāma Rāma ... // 2 //

He who dwells in Vṛndāvan dhāma,
he who destroyed the demon Kaṃsa,
he who ate the grains of Sudāmā,
to him I give my salutations.

Refrain 2:

Śyāma Śyāma Śyāma Śyāma Śyāma
Śyāma Śyāma Śyāma Śyāma
Śrī-Śyāma Śyāma Śyāma,
jaya jaya Śyāma
Śyāma Śyāma Śyāma Śyāma Śyāma
Śyāma Śyāma Rādhe Śyāma // 3 //

He who dwells in Mount Kailāś,
he who is called Tripurāri,
he who drank the cup of poison,
to him I give my salutations.
Rāma Rāma Rāma ... // 4 //

He who dwells in the Holy Land,
he who is called Jesus the Christ,
he who taught on the shores
of Galilee,
to him I give my salutations.
Rāma Rāma Rāma ... // 5 //

He who dwelt in Ānanda-kuṭīr,
he who is Swami Sivananda,
he who is our beloved Gurudev
to him I give my salutations.
Rāma Rāma Rāma ... // 6 //

61. Song of Salutation

Deutsche Übersetzung

Rāma Rāma Rāma Rāma Rāma
Rāma Rāma Rāma Rāma
Śrī- Rāma Rāma Rāma, jaya jaya Rāma
Rāma Rāma Rāma Rāma Rāma
Rāma Rāma Sītā-rāma

Er wohnt im Herzen aller bhaktas,
Er besiegte den Laṅkā Rāvaṇ(a),
Er aß das Obst der Śabarī,
Vor ihm verneige ich mich
zum Gruß.

Er wohnt in Vṛndāvan,
Er besiegte den Dämon Kaṃsa,
Er aß die Körner von Sudāmā,
Vor ihm verneige ich mich
zum Gruß.

Er wohnt am Berge Kailāś,
Man nennt ihn Tripurāri,
Er trank den gift'gen Becher,
Vor ihm verneige ich mich
zum Gruß.

Er wohnt im Heil'gen Land Israel,
Man nennt ihn Jesus Christus,
Er lehrte am Ufer Galiläas,
Vor ihm verneige ich mich
zum Gruß.

Er wohnt in Ānanda-kuṭīr,
Er heißt Swami Sivananda,
Er ist unser geliebter Gurudev,
Vor ihm verneige ich mich
zum Gruß.

Rāma Rāma Rāma ...
Śyāma Śyāma Śyāma ...

62. Jis hāla mẽ

jis(a) hāla mẽ, jis(a) deśa mẽ,
jis(a) veṣa mẽ raho /
rādhā-ramaṇ, rādhā-ramaṇ,
rādhā-ramaṇ kaho // 1 //

jis(a) kāma mẽ, jis(a) dhāma mẽ,
jis(a) gā̃va mẽ raho /
rādhā-ramaṇ, rādhā-ramaṇ,
rādhā-ramaṇ kaho // 2 //

jis(a) saṅga mẽ, jis(a) raṅga mẽ,
jis(a) ḍhaṅga mẽ raho /
rādhā-ramaṇ, rādhā-ramaṇ,
rādhā-ramaṇ kaho // 3 //

jis(a) yoga mẽ, jis(a) bhoga mẽ,
jis(a) roga mẽ raho /
rādhā-ramaṇ, rādhā-ramaṇ,
rādhā-ramaṇ kaho // 4 //

saṃsāra mẽ, parivāra mẽ,
vyavahāra mẽ raho /
rādhā-ramaṇ, rādhā-ramaṇ,
rādhā-ramaṇ kaho // 5 //

„Hänge nicht an diesem vergänglichen Körper. Er ist wie eine Kokosnussschale oder ein Kopfkissenüberzug. Denke immer an den Innewohnenden, den ewigen Gott, ātman, dein wahres Selbst. Erkenne, dass du eins bist mit Gott! Alle Furcht wird verschwinden." – Swami Sivananda

VIṢṆU-KĪRTANS

Im hinduistischen Pantheon ist Viṣṇu der Erhalter des Universums. Er verkörpert die Eigenschaften Barmherzigkeit, Güte und die alles durchdringende Kraft, die das Universum und die kosmische Ordnung bewahrt und aufrechterhält. Er steht für das Gleichgewicht zwischen Schöpfung und Zerstörung.

In seinen linken Händen hält er die Symbole der Schöpfung: den Lotos als Symbol für die Materie unseres Universums und das Muschelhorn als Symbol der subtilen Schöpferenergie. In seinen rechten Händen hält er die Symbole der Zerstörung: die Keule als Symbol materieller Zerstörung und den Diskus als Symbol feinstofflicher zerstörerischer Energie. Viṣṇu verwendet all diese Gegenstände, um Rechtschaffenheit zu bewahren und dem Sucher auf seinem Weg zur Vollendung zu helfen. Viṣṇu inkarniert sich viele Male, um die Erde zu schützen und Segnungen auf uns herabzugießen.

100. Nārāyaṇa

nārāyaṇa nārāyaṇa
jaya govinda hare
nārāyaṇa nārāyaṇa
jaya gopāla hare

101. Rāma kṛṣṇa hari

rāma kṛṣṇa hari
mukunda murāri
pāṇḍuraṅga pāṇḍuraṅga
pāṇḍuraṅga hari

102. Śrīman-nārāyaṇa

śrīman-nārāyaṇa
nārāyaṇa nārāyaṇa
lakṣmī-nārāyaṇa
nārāyaṇa nārāyaṇa // 1 //

sītā-rāma kaho,
rādhe-śyāma kaho
sītā-rāma kaho,
jaya rādhe-śyāma kaho // 2 //

sītā-rāma jaya,
rādhe-śyāma // 3 //

103. Hari nārāyaṇa govinda

hari nārāyaṇa govinda
jay(a) jagannārāyaṇa govinda // 1 //

govinda govinda, govinda govinda
govinda govinda govinda // 2 //

104. Hari bol

hari bol hari bol, hari hari bol
keśava mādhava govinda bol
gopāla bol, govinda bol // 1 //

śiva bol śiva bol, śiva śiva bol
śiva-śaṅkara śrī mahādeva bol
nīlakaṇṭha bol, mahādeva bol // 2 //

105. Hari nārāyaṇa hari

hari nārāyaṇa hari rām rām rām
ayodhyāvāsī śrī-rāmacandra
ānandarūpa jaya jaya rām

106. Hari śaraṇam

hari śaraṇam
śiva śaraṇam
rāma śaraṇam
prabhu kṛṣṇa śaraṇam

107. Nārāyaṇa hari om

nārāyaṇa hari om
satyanārāyaṇa hari om
govinda kṛṣṇa hari om
gopāla kṛṣṇa hari om

108. Śrī-nṛsiṃha-mahā-mantra

ugraṃ vīraṃ mahāviṣṇuṃ '
jvalantaṃ sarvatomukham /
nṛsiṃhaṃ bhīṣaṇaṃ bhadraṃ '
mṛtyumṛtyuṃ namāmy aham // 1 //

namas te narasiṃhāya '
prahlāda-hlāda-dāyine /
hiraṇyakaśipor vakṣaḥ- '
śilā-ṭaṅka-nakhālaye // 2 //

ito nṛsiṃhaḥ parato nṛsiṃho '
yato yato yāmi tato nṛsiṃhaḥ /
bahir nṛsiṃho hṛdaye nṛsiṃho '
nṛsiṃham ādiṃ śaraṇaṃ
prapadye // 3 //

KṚṢṆA-KĪRTANS

Kṛṣṇa ist die 8. Inkarnation von Viṣṇu. Sein Zweck war es, auf der Erde die göttliche Ordnung wiederherzustellen. Dies tat er, indem er die *Bhagavad-Gītā* als Kodex für richtiges Verhalten niederlegte.

Sein Leben ist ein leuchtendes Beispiel für gelebte *Bhagavad-Gītā*. Als Kind erfreute er alle durch seine Streiche und Wunder. Als Heranwachsender gewann er das Herz aller durch sein Flötenspiel. Die Flöte symbolisiert den Klang der Seele, mit dem Gott, unser eigenes Selbst, uns anruft, uns nach innen zu wenden. Sie symbolisiert auch, dass wir leer wie eine Flöte werden müssen, wenn wir zu Gottes Instrument werden wollen: frei von allem Egoismus.

„Nicht mein Wille sondern Dein Wille geschehe, o Gott." Kṛṣṇa tötete zahlreiche Dämonen (*asuras*, unsere schlechten Eigenschaften) und erschien immer im Moment der Not.

Während Rāma Mensch als Gott ist, ist Kṛṣṇa Gott als Mensch. In ihm findet sich höchste Erkenntnis und die Verkörperung göttlicher Liebe.

150. Rādhe kṛṣṇa

rādhe kṛṣṇa karuṇā-lola,
rādhe govinda
rādhe govinda,
muralī-govinda // 1 //

rādhe rādhe govinda,
muralī-gopāla
rādhe govinda,
muralī-gopāla // 2 //

151. Kṛṣṇa govinda

kṛṣṇa govinda govinda gopāla
kṛṣṇa murāri manohara nandalāla

152. Hari hari bol

hari hari bol hari hari hari bol
keśava mādhava govinda bol // 1 //

śrī-kṛṣṇa govinda hare murāre
he nātha nārāyaṇa vāsudeva // 2 //

(gopāla bol govinda bol
śiva bol śiva bol śiva śiva bol
śiva-śaṅkara śrī mahādeva bol
nīlakaṇṭha bol mahādeva bol
śiva śiva bol śiva śiva śiva bol
śiva-śaṅkara śrī mahādeva bol // 3 //)

153. Govinda nārāyaṇa

govinda nārāyaṇa, gopāla nārāyaṇa
govinda gopāla nārāyaṇa
hari govinda gopāla nārāyaṇa // 1 //

govinda nārāyaṇa, gopāla nārāyaṇa
hari govinda ānanda-nārāyaṇa
sāī-govinda gopāla nārāyaṇa // 2 //

154. Rādhe rādhe rādhe bolo

rādhe rādhe rādhe bolo
rādhe govinda bolo // 1 //

śiva śiva śiva bolo
śiva śaṅkara bolo // 2 //

viṣṇu viṣṇu viṣṇu bolo
viṣṇu nārāyaṇa bolo // 3 //

155. Śrī-kṛṣṇa govinda

śrī-kṛṣṇa govinda hare murāre
he nātha nārāyaṇa vāsudeva
gurudev gurunāth śaraṇaṃ
mama om

156. Yamunā-tīra-vihārī

yamunā-tīra-vihārī,
vṛndāvana-sañcārī /
govardhana-giridhārī,
gopāla kṛṣṇa murāri // 1 //

daśaratha-nandana rām rām,
daśamukha-mardana rām rām /
paśupati-rañjana rām rām,
pāpa-vimocana rām rām // 2 /

maṇimaya-bhūṣaṇa rām rām,
mañjula-bhāṣaṇa rām rām /
raṇa-jaya-bhīṣaṇa rām rām,
raghu-kula-bhūṣaṇa rām rām // 3 //

157. Govinda jaya jaya

govinda jaya jaya,
gopāla jaya jaya
rādhā-ramaṇa hari
govinda jaya jaya

158. He govinda, he gopāla, he vāsudeva

he govinda, he gopāla
he vāsudeva, he nityānanda
śrī-rādhe rādhe rādhe
rādhe rādhe rādhe-śyām

159. He govinda, he gopāla, muralī-manohara

he govinda, he gopāla
murlī-manohara nanda-lāla

160. He rādhe rādhe rādhe-śyām

he rādhe rādhe rādhe-śyām
govinda rādhe śrī-rādhe /
govinda rādhe rādhe-śyām
gopāla rādhe rādhe-śyām //

161. Kṛṣṇa keśava pāhi mām

kṛṣṇa keśava, kṛṣṇa keśava
kṛṣṇa keśava pāhi mām /
kṛṣṇa keśava, kṛṣṇa keśava
kṛṣṇa keśava rakṣa mām // 1 //

raghurām raghurāma
raghurām raghurāma
raghurām raghurāma
pāhi mām /
raghurām raghurāma
raghurām raghurāma
raghurām raghurāma
rakṣa mām // 2 //

candraśekhara, candraśekhara
candraśekhara pāhi mām /
candraśekhara, candraśekhara
candraśekhara rakṣa mām // 3 //

śiva-śaṅkara, śiva-śaṅkara
śiva-śaṅkara pāhi mām /
śiva-śaṅkara, śiva-śaṅkara
śiva-śaṅkara rakṣa mām // 4 //

gurudev śivānanda
gurudev śivānanda
gurudev śivānanda pāhi mām /
gurudev śivānanda
gurudev śivānanda
gurudev śivānanda rakṣa mām // 5 //

162. Bā̃surī

bā̃surī bā̃surī bā̃surī
śyāma kī // 1 //

he rāma ... // 2 //
he kṛṣṇa ... // 3 //
he jesus ... // 4 //
he buddha ... // 5 //

O my Lord ... be with me,
o my Lord ... set me free! // 6 //

O mein Gott ... steh mir bei,
o mein Gott ... mach' mich frei! // 7 //

163. Rādhe rādhe govinda rādhe

rādhe rādhe govinda rādhe
rādhe rādhe govinda rādhe
rādhe govinda, rādhe govinda // 1 //

(jaya rādhe rādhe rādhe
jaya jaya jaya śrī-rādhe // 2 //)

164. Bhajo rādhe govinda

Anm.: Hindi 'hai' wird wie 'hä' ausgesprochen

bhajo rādhe govinda
gopāla terā pyārā nāma hai *(hä)*
gopāla terā pyārā nāma hai *(hä)*
nandalālā terā pyārā nāma hai *(hä)*

165. Rādhe rādhe rādhe

rādhe rādhe rādhe rādhe,
rādhe govinda
vṛndāvana-candra,
vṛndāvana-candra
anātha-nātha dīna-bandho,
rādhe govinda // 1 //

paṇḍharīnātha pāṇḍuraṅga,
rādhe govinda
vṛndāvana-candra,
vṛndāvana-candra
anātha-nātha dīna-bandho,
rādhe govinda // 2 //

166. Jaya rādhā-mādhava

jaya rādhā-mādhava,
jaya kuñja-bihārī
jaya gopī-jana-vallabha,
jaya giri-vara-dhārī
yaśodā-nandana,
braja-jana-rañjana
yamunā-tīra-vana-cārī

167. Govinda hare gopāla hare

govinda hare, gopāla hare
śrī-kṛṣṇa hare, śrī-kṛṣṇa hare
jay bābā jay jay bābā jay
oṃ sāī rām oṃ sāī rām

168. Hari-harāya namaḥ

hari-harāya namaḥ
kṛṣṇa-yādavāya namaḥ
yādavāya mādhavāya
keśavāya namaḥ
gopāla govinda rāma
śrī-madhusūdana
giridhārī gopīnātha
madanamohana

169. Acyutāṣṭaka

von Śrī Śaṅkarācārya

acyutaṃ keśavaṃ
rāma-nārāyaṇaṃ
kṛṣṇa-dāmodaraṃ
vāsudevaṃ harim /
śrīdharaṃ mādhavaṃ
gopikā-vallabhaṃ
jānakī-nāyakaṃ
rāmacandraṃ bhaje // 1 //

acyutaṃ keśavaṃ
satyabhāmā-dhavaṃ
mādhavaṃ śrīdharaṃ
rādhikārādhitam /
indirā-mandiraṃ

cetasā sundaraṃ
devakī-nandanaṃ
nanda-jaṃ sandadhe // 2 //

viṣṇave jiṣṇave
śaṅkhine cakriṇe
rukmiṇī-rāgiṇe
jānakī-jānaye /
vallavī-vallabhāyārcitāyātmane
kaṃsa-vidhvaṃsine
vaṃśine te namaḥ // 3 //

kṛṣṇa govinda he
rāma nārāyaṇa
śrīpate vāsudevājita
śrīnidhe /
acyutānanta he
mādhavādhokṣaja
dvārakā-nāyaka
draupadī-rakṣaka // 4 //

rākṣasa-kṣobhitaḥ
sītayā śobhito
daṇḍakāraṇya-bhū-
puṇyatā-kāraṇaḥ /
lakṣmaṇenānvito
vānaraiḥ sevito
'gastya-saṃpūjito
rāghavaḥ pātu mām // 5 //

dhenukāriṣṭa-hā-
niṣṭa-kṛd dveṣiṇāṃ
keśi-hā kaṃsa-hṛd
vaṃśikā-vādakaḥ /
pūtanā-kopakaḥ
sūrajā-khelano
bāla-gopālakaḥ
pātu māṃ sarvadā // 6 //

vidyud-uddyotavat-
prasphurad-vāsasaṃ
prāvṛḍ-ambhodavat
prollasad-vigraham /
vanyayā mālayā
śobhitoraḥ-sthalaṃ
lohitāṅghri-dvayaṃ
vārijākṣaṃ bhaje // 7 //

kuñcitaiḥ kuntalair
bhrājamānānanaṃ
ratna-mauliṃ lasat-
kuṇḍalaṃ gaṇḍayoḥ /
hāra-keyūrakaṃ
kaṅkaṇa-projjvalaṃ
kiṅkiṇī-mañjulaṃ
śyāmalaṃ taṃ bhaje // 8 //

acyutasyāṣṭakaṃ
yaḥ paṭhed iṣṭa-daṃ
prematah pratyahaṃ
pūruṣaḥ saspṛhaṃ /
vṛttataḥ sundaraṃ
kartṛ-viśvam-bharaṃ
tasya vaśyo harir
jāyate satvaram // 9 //

acyutaṃ keśavam ....

170. Naṭavara lāla

Refrain:

naṭa-vara lāla giridhara gopāla
jay jay nanda yaśodā ke bāl /
sāra sāra saba ke sāra
rādhā-rasika-vara rāsa-vihāra // 1 //

sphaṭika-sphaṭika-maya
gopī-maṇḍala-dhām(a)

gopī-gopī-madhya
marakata-śyām(a) // 2 // *naṭavara* ...

dhanya dhanya vraja-gopī
dhanya ho
dhanya vṛndāvana-kuñja
dhanya ho
vraja-mṛga-khaga saba dhanya
dhanya ho
vraja-raja yamunā-pulina
dhanya ho // 3 // *naṭavara* ...

śārada-pūrṇimā nirmala-yamunā
adbhuta rāsa-mahotsava anupama
sāra sāra saba ke sāra
rādhā-rasika-vara rāsa-vihāra // 4 //
naṭavara ...

171. Gopāla gopāla

gopāla, gopāla,
gokula-nandana gopāla // 1 //

gopāla, gopāla,
devakī-nandana gopāla // 2 //

gopāla, gopāla,
navanīta-cora gopāla // 3 //

gopāla, gopāla,
veṇu-vilola gopāla // 4 //

gopāla, gopāla,
yadu-kula-tilaka gopāla // 5 //

gopāla, gopāla,
yādava-nandana gopāla // 6 //

gopāla, gopāla,
vijaya-gopāla gopāla // 7 //

gopāla, gopāla,
rādhā-vallabha gopāla // 8 //

gopāla, gopāla,
nanda-kumāra gopāla // 9 //

gopāla, gopāla,
joy of the universe, gopāla // 10 //

172. Oṃ hrīṃ śrīṃ klīm

oṃ hrīṃ śrīṃ klīṃ
kṛṣṇāya govindāya
gopī-jana-vallabhāya [namaḥ]

173. He nanda-nanda gopāla

he nanda-nanda gopāl(a)
ānanda-nanda gopāl(a)
he nanda-nanda, ānanda-nanda
yadu-nanda-nanda gopāl(a)

174. He nātha nārāyaṇa

he nātha nārāyaṇa vāsudeva

175. Nanda-lāla

nanda-lāla nava-nīta-cora
naṭavara-lāl(a) gopāla
devakī-vasudeva-kumāra
deva-deva gopāla
hari deva-deva gopāla

176. Mādhava murahara

mādhava murahara
madhura manohara
giridhara gopāla
he giridhara gopāla
he giridhara gopāla
he giridhara gopāla

177. Muralī-kṛṣṇa

muralī-kṛṣṇa, mukunda-kṛṣṇa
mohana-kṛṣṇa, kṛṣṇa, kṛṣṇa
gopī-kṛṣṇa, gopāla-kṛṣṇa
govardhanadhara-kṛṣṇa, kṛṣṇa
rādhā-kṛṣṇa, bāla-kṛṣṇa
rāsa-vilola-kṛṣṇa, kṛṣṇa
rāsa-vilola-kṛṣṇa, kṛṣṇa

178. Oṃ śrī kṛṣṇa caitanya

oṃ śrī kṛṣṇa caitanya
prabhu nityānanda
hare kṛṣṇa hare rām(a)
[śrī] rādhe govinda

179. Jaya śrī kṛṣṇa caitanya

jaya śrī kṛṣṇa caitanya,
prabhu nityānanda /
śrī advaita gadādhara
śrīvāsādi-gaura-bhakta-vṛnda // 1 //

hare kṛṣṇa hare kṛṣṇa,
kṛṣṇa kṛṣṇa hare hare /
hare rāma hare rāma,
rāma rāma hare hare // 2 //

180. He govinda, he gopāla dīna-dayāla

he govinda, he gopāla
dīna-dayāla prabho dīna-dayāla

181. Rādhe rādhe govinda, govinda rādhe

rādhe rādhe govinda
govinda rādhe
rādhe rādhe govinda
govinda rādhe

182. Govinda hare gopāla hare he prabhu

govinda hare gopāla hare
he prabhu dīna-dayāla hare

183. He mādhava

Refrain:

he mādhava madhusūdana śrī-keśava
nārāyaṇa, lakṣmī-nārāyaṇa /
nārāyaṇa, śrīman-nārāyaṇa
rāma kṛṣṇa govinda nārāyaṇa // 1 //

śrīdhara keśava dāmodara
acyutānanda he nārāyaṇa /
nārāyaṇa, śrī-hari-nārāyaṇa
rāma kṛṣṇa govinda nārāyaṇa // 2 //

he mādhava ...

namo mādhava, jagannāyaka,
hṛṣikeśava
he nāga-śayana, śrī-śeṣa-śayana /
nārāyaṇa, satyanārāyaṇa
rāma kṛṣṇa govinda nārāyaṇa // 3 //

he mādhava ...

acyuta keśava dāmodara
saccidānanda he nārāyaṇa /
nārāyaṇa, lakṣmī-nārāyaṇa
rāma kṛṣṇa govinda nārāyaṇa // 4 //

he mādhava ...

184. Kṛṣṇa govinda govinda

kṛṣṇa govinda govinda
kṛṣṇa govinda govinda

he gopāla rādhā-kṛṣṇa
govinda govinda
he gopāla he gopāla
he gopāla

185. Hari śaraṇam

hari śaraṇam
śiva śaraṇam
śrī rāma śaraṇam
prabhu kṛṣṇa śaraṇam

186. Nārāyaṇa hari om

nārāyaṇa hari om
satyanārāyaṇa hari om
govinda kṛṣṇa hari om
gopāla kṛṣṇa hari om

187. Oṃ namo bhagavate vāsudevāya

oṃ namo bhagavate
vāsudevāya
rām rām sītā-rām,
rām rām sītā-rām
sītā-rām sītā-rām,
rām rām sītā-rām
oṃ namo bhagavate
śivānandāya

RĀMA-KĪRTANS

Rāma ist die 7. Inkarnation von Viṣṇu. Sein Zweck war es, Rechtschaffenheit und Gerechtigkeit in der Welt wiederherzustellen. Śrī Rāma wird in Abbildungen immer mit seinem Bogen in der Hand dargestellt, mit dem er die Guten beschützt und Dämonen – unsere schlechten Eigenschaften – tötet. Häufig wird er zusammen mit seiner Gemahlin Sītā dargestellt und seinem Gefolgsmann Hanumān, dem Affengeneral. Hanumān symbolisiert den menschlichen Geist, der am leichtesten durch völlige Hingabe an Gott und beständiges Wiederholen Seiner Namen beherrscht wird.

Rāma lehrt beispielhaft, wie man ein ideales Leben in dieser Welt führt. Sein Weg als Mensch, Herrscher, Ehemann, Sohn, Vater und Freund ist beschrieben im Epos *Rāmāyaṇa*. Es wurde von dem Weisen Vālmīki verfasst und gehört zu den bekanntesten Geschichten in ganz Süd- und Südostasien. Bis heute ist das Epos eine große Inspiration im Bereich von Religion und Kunst.

200. Rāmacandra

rāmacandra raghuvīra
rāmacandra raṇa-dhīra
raghuvīra raṇa-dhīra // 1 //

rāmacandra raghunātha
rāmacandra jagannātha
raghunātha jagannātha // 2 //

rāmacandra raghurāma
rāmacandra param(a)-dhāma
raghurāma param(a)-dhāma // 3 //

Rāma, Sītā und Hanumān

rāmacandra mama bandho
rāmacandra dayā-sindho
mama bandho dayā-sindho // 4 //

201. Rāma bolo

rāma bolo, rāma bolo,
bolo bolo rām // 1 //

sītā bolo, sītā bolo,
bolo sītā-rām // 2 //

hanumān bolo, hanumān bolo,
bolo hanumān // 3 //

śiva bolo, śiva bolo,
bolo śiva rām // 4 //

jay jay rām, govinda hare hare
rāma rāma, rāma rāma,
rāma rāma rām
rāma rāma, rāma sītā,
rāma rāma rām // 5 //

202. Śrī rām jaya rām

śrī rām jaya rām, jaya jaya rām om
śrī rām jaya rām, jaya jaya rām
jaya sītā-rām, jay(a), jaya hanumān
sadgurudev, śivānanda bhagavān

203. Vīra māruti

Lied zur Verehrung von Hanumān.

vīra māruti, gambhīra māruti // 1 //
dhīra māruti, ati dhīra māruti // 2 //
dūta māruti, rāma-dūta māruti // 3 //
bhakta māruti,
parama-bhakta māruti // 4 //

204. Ayodhyā-vāsī rām

ayodhyā-vāsī rām rām
daśaratha-nandana rām rām
patita-pāvana jānakī-jīvana
sītā-mohana rām

205. Raghu-paṭi-rāghava

raghu-pati-rāghava rājā rām
patita-pāvana sītā-rām /

sītā-rām (jaya), sītā-rām
sītā-rām jaya rādhe-śyām /

rādhe-śyām (jaya), rādhe-śyām
rādhe-śyām jaya sītā-rām // 1 //

īśvara allāh tere nām
sab(a) ko sanmati de bhagavān /

raghu-pati-rāghava rājā rām
patita-pāvana sītā-rām // 2 //

Jesus, Moses is thy name,
love thy neighbour as thyself // 3 //

Moses, Buddha ... Buddha, Allāh ...
Allāh, Kṛṣṇa ... Kṛṣṇa, Rāma ...
Rādhā, Mary ... // 4 - 8 //

The paths are many,
but the truth is one,
love thy neighbour as thyself // 9 //

The names are many,
but God is one,
love thy neighbour as thyself // 10 //

Namen sind viele,
aber Gott ist eins,
liebe deinen Nächsten
wie dich selbst // 11 //

Wege sind viele,
aber Wahrheit ist eins,
liebe deinen Nächsten
wie dich selbst // 12 //

Jesus, Buddha ist dein Name,
liebe deinen Nächsten
wie dich selbst // 13 //

Moses, Muhammad ist dein Name,
liebe deinen Nächsten
wie dich selbst // 14 //

206. Jay sītā-rām

jay sītā-rām jay sītā-rām
jay (jay) hanumān
hari hari bol

207. Śrī raghunātha

śrī raghunātha, jaya raghunātha
śaraṇam śaraṇam, śrī raghunātha
śrī rām jaya rām, jaya jaya rām om

Verehrung dem Rāma aus der Raghu-Familie. Ich suche Schutz bei dir.

208. Tumi bhaja re manā

tumi bhaja re manā,
tumi japa re manā
oṃ śrī rām jaya rām,
japa re manā

Lasst uns Rāma verehren und seinen Namen singen.

209. Ātmārāma, ānanda-nāma

ātmārāma, ānanda-nāma
ānanda-mohana,
śrī-param(a)-dhāma
māyā-virāma, mānasa-prema
sundara nāma, saguṇābhirāma

210. Jay hanumān

jay hanumān jay jay hanumān
jay hanumān jay jay hanumān
jay sītā-rām jay jay sītā-rām
jay sītā-rām jay jay sītā-rām

211. Rāma lakṣmaṇa jānakī

rāma lakṣmaṇa jānakī
jay bolo hanumāna kī

212. Jay bajaraṅga balī

jay bajaraṅga balī
jay hanumāna kī
jay mahāvīra, jay hanumān
jay gurudeva, karo kalyāṇ

ŚIVA-KĪRTANS

„Śiva" bedeutet wörtlich übersetzt „der Gückverheißende", „der Liebevolle", „der Gütige". Śiva symbolisiert die Kraft der Transformation. Śiva ist die Verkörperung der universellen Kraft der Zerstörung, die jegliche Existenz beendet und aus der jegliche Existenz neu entsteht. Er wird oft in Meditationshaltung dargestellt, mit Schlangen um den Hals, mit Dreizack und Sanduhrtrommel ausgestattet.

In seinen Haaren befindet sich die Göttin Gaṅgā, die er zur Milderung des Aufpralls auffing, als sie vom Himmel auf die Erde herabeilte. Er sitzt auf einem Tigerfell, dem Symbol für den Sieg über die niedere Natur. Er führt die Ausrüstung eines *sādhu* (eines Bettelmönchs) mit sich: die *japamālā* (Gebetskette), eine Bettelschale und den *yoga-daṇḍa* (Stock).

Der Dreizack symbolisiert die 3 *guṇas*, die 3 Eigenschaften der Natur, die Śiva beherrscht. Die Schlangen stehen auch für verschiedene niedere innere Kräfte, die Śiva beherrscht. Anstatt ihn zu vergiften, dienen sie ihm zur Zierde. Der Ganges (in Indien weiblich, „Gaṅgā" genannt) symbolisiert die Gesamtheit der Schöpfung (*śakti*), die aus Śivas Haaren strömt (das *sahasrāra-cakra* steht für das höchste unveränderliche Bewusstsein).

Manchmal tanzt Śiva als Naṭarāja den universellen Tanz der Schöpfung, Erhaltung und Zerstörung. Seine Gemahlin ist Pārvatī. Besonders verbunden ist er auch mit Kālī.

In abstrakterer Form ist sein weiblicher Aspekt Śakti, die weibliche Energie, oder auch die 'göttliche Mutter' allgemein.

Śiva in Meditationshaltung.

250. Jaya śiva-śaṅkara

jaya śiva-śaṅkara,
bam bam hara hara

hara hara, hara hara,
hara bol hara

śiva śiva śiva śiva,
śiva ati sundara

(hara hara, hara hara,
hara ati sundara)

he parameśvara, dayā karo

251. Sāmba-sadā-śiva

sāmba-sadāśiva,
sāmba-sadāśiva
sāmba-sadāśiva,
śāmba-śiv oṃ hara // 1 //

oṃ mātā oṃ mātā,
oṃ śrī mātā jagadambā
oṃ mātā oṃ mātā,
oṃ śrī mātā jagadambā // 2 //

umā parameśvarī,
śrī bhuvaneśvarī
ādi-parā-śakti,
devī maheśvarī // 3 //

252. Hara hara mahādeva śambho

hara hara mahādeva śambho
kāśī-viśvanātha gaṅge

253. Śambho mahādeva candracūḍa

śambho mahādeva candracūḍa
śaṅkara sāmba-sadāśiva
gaṅgādhara hara kailāsa-vāsa
pāhi māṃ pārvatī-ramaṇa

254. Naṭarāja naṭarāja śivānanda

naṭarāj(a) naṭarāja
śivānanda naṭarāja
śiva-rāj(a) śiva-rāja
śivānanda śiva-rāja

255. Śiva śiva mahādeva

śiva śiva mahādeva,
namaḥ śivāya sadāśiva // 1 //

kālī kālī mahāmāyā,
namaḥ kālike namo namaḥ // 2 //

durgā durgā mahāmāyā,
namo durgāyai namo namaḥ // 3 //

gurumahārāj(a), gurudeva,
gurumahārāj(a), gurudeva /
gurumahārāj(a), gurudeva,
sadguru śivānanda // 4 //

hare rāma hare rāma,
rāma rāma hare hare /
hare kṛṣṇa hare kṛṣṇa,
kṛṣṇa kṛṣṇa hare hare // 5 //

nārāyaṇa hari nārāyaṇa,
hari nārāyaṇa hari om // 6 //

oṃ hari ..., oṃ kṛṣṇa ...,
oṃ devī ..., oṃ jesus // 7-10 //

bhagavān śrī śivānanda,
bhagavān śrī śivānanda /
bhagavān śrī śivānanda,
bhagavān śrī śivānanda om // 11 //

om aiṃ hrīṃ klīṃ ... // 12 //

256. Śivāya nama om

śivāya nama om,
śivāya namaḥ
śivāya nama om,
namaḥ śivāya // 1 //

oṃ namaḥ śivāya,
oṃ namaḥ śivāya
oṃ namaḥ śivāya,
oṃ namaḥ śivāya // 2 //

śiva śiva śiva śiva,
śivāya nama om
hara hara hara hara,
namaḥ śivāya // 3 //

śāmba-sadāśiva,
śāmba-sadāśiva
śāmba-sadāśiva,
sāmba-śiv(a) oṃ hara // 4 //

śiva śiva śaṅkara,
hara hara śaṅkara
jay(a) jay(a) śaṅkara,
namāmi śaṅkara // 5 //

śivāya nama om,
śivāya namaḥ
śivāya nama om,
namaḥ śivāya // 6 //

257. Subrahmaṇya subrahmaṇya śaravanabhava

subrahmaṇya subrahmaṇya
śaravaṇabhava subrahmaṇya // 1 //

śivānanda śivānanda
sadgurudeva śivānanda // 2 //

258. Śivāya parameśvarāya

śivāya parameśvarāya
candraśekharāya nama om
bhavāya bhavāya guṇa-sambhavāya
śiva-tāṇḍavāya nama om

Ich verneige mich vor Śiva, dem höchsten Gott, der den aufgehenden Mond auf seiner Stirn trägt. Ich verneige mich vor Śiva, der durch seinen Tanz die Eigenschaften der Natur (guṇas) erzeugt und zerstört.

259. Śiva āratī (nīrājana)

oṃ jaya gaṅgādhara hara
jaya girijādhīśā
(śiva jaya gaurīnāthā) /
tvaṃ māṃ pālaya nityaṃ
(tvaṃ māṃ pālaya śambho)
kṛpayā jagadīśā /
oṃ hara hara hara mahādev // 1 //

kailāse giri-śikhare
kalpa-druma-vipine
(śiva kalpa-druma-vipine) /
guñjati madhu-kara-puñje
(guñjati madhu-kara-puñje)
kuñja-vane gahane /
oṃ hara hara hara mahādev /

kokila kūjati khelati
haṃsāvali lalitā
(śiva haṃsāvali lalitā)
racayati kalā-kalāpaṃ
(racayati kalā-kalāpaṃ)
nṛtyati muda-sahitā /
oṃ hara hara hara mahādev // 2 //

tasmiँllalita-sudeśe
śālā maṇi-racitā
(śiva śālā maṇi-racitā) /
tan-madhye hara-nikaṭe
(tan-madhye hara-nikaṭe)
gaurī muda-sahitā /
oṃ hara hara hara mahādev /

krīḍāṃ racayati bhūṣāṃ
rañjita-nijam īśam
(śiva rañjita-nijam īśam) /
indrādika-sura-sevita
(brahmādika-sura-sevita)
nāmayate śīśam /
oṃ hara hara hara mahādev // 3 //

vibudha-vadhūr bahu nṛtyati
hṛdaye muda-sahitā
(śiva hṛdaye muda-sahitā) /
kinnara gānaṃ kurute
(kinnara gānaṃ kurute)
sapta svara sahitā /
oṃ hara hara hara mahādev /

dhina-kata thai thai dhina-kata
mṛdaṅgaṃ vādayate
(śiva mṛdaṅgaṃ vādayate) /
kvaṇa kvaṇa lalitā veṇuṃ
(kvaṇa kvaṇa lalitā veṇuṃ)
madhuraṃ nādayate /
oṃ hara hara hara mahādev // 4 //

ruṇa ruṇa caraṇe racayati
nūpuram ujjvalitam
(śiva nūpuram ujjvalitam)
cakrāvarte bhramayati
(cakrāvarte bhramayati)
kurute tāṃ dhik tāṃ /
oṃ hara hara hara mahādev /

tāṃ tāṃ lupa cupa tāṃ tāṃ
tālaṃ vādayate /
(śiva tālaṃ vādayate)
aṅguṣṭhāṅguli-nādaṃ
(aṅguṣṭhāṅguli-nādaṃ)
lāsakatāṃ kurute /
oṃ hara hara hara mahādev // 5 //

karpūra-dyuti-gauraṃ
pañcānana-sahitam
(śiva pañcānana-sahitam)
tri-nayana-śaśa-dhara-mauliṃ
(tri-nayana-śaśa-dhara-mauliṃ)
viṣa-dhara-kaṇṭha-yutam /
oṃ hara hara hara mahādev /

sundara-jaṭā-kalāpaṃ
pāvaka-yuta-bhālaṃ
(śiva pāvaka-yuta-bhālaṃ)
ḍamaru-triśūla-pinākaṃ
(ḍamaru-triśūla-pinākaṃ)
kara-dhṛta-nṛ-kapālaṃ /
oṃ hara hara hara mahādev // 6 //

śaṅkha-ninādaṃ kṛtvā
jhallari nādayate
(śiva jhallari nādayate)
nīrājayate brahmā
(nīrājayate viṣṇur)
veda-ṛcāṃ paṭhate /
oṃ hara hara hara mahādev /

ati-mṛdu-caraṇa-sarojaṃ
hṛt-kamale dhṛtvā
(śiva hṛt-kamale dhṛtvā)
avalokayati maheśaṃ
(avalokayati maheśaṃ)
īśam abhinatvā /
oṃ hara hara hara mahādev // 7 //

muṇḍai racayati mālām
pannagam upavītam
(śiva pannagam upavītam)
vāma-vibhāge girijā-
(vāma-vibhāge gaurī-)
rūpam atilalitam /
oṃ hara hara hara mahādev /

sundara-sakala-śarīre
kṛta-bhasmābharaṇam
(śiva kṛta-bhasmābharaṇam)
iti vṛṣabha-dhvaja-rūpaṃ
(hara śiva śaṅkara-rūpam)
tāpa-traya-haraṇam/
oṃ hara hara hara mahādev // 8 //

dhyānam āratī-samaye
hṛdaye iti kṛtvā
(śiva hṛdaye iti kṛtvā)
rāmaṃ trijaṭā-nāthaṃ
(rāmaṃ trijaṭā-nāthaṃ)
śambhum abhinatvā /
oṃ hara hara hara mahādev /

saṅgītam evaṃ pratidina
paṭhanaṃ yaḥ kurute
(śiva paṭhanaṃ yaḥ kurute)
śiva-sāyujyaṃ gacchati
(hara-sāyujyaṃ gacchati)
bhaktyā yaḥ śṛṇute /
oṃ hara hara hara mahādev // 9 //

oṃ jaya gaṅgādhara hara
jaya girijādhīśā
(śiva jaya gaurī-nāthā) /
tvaṃ māṃ pālaya nityaṃ
(tvaṃ māṃ pālaya śambho)
kṛpayā jagadīśā /
oṃ hara hara hara mahādev // 10 //

Der Tanz Śivas symbolisiert das kosmische Spiel von Schöpfung und Vernichtung, Vergänglichkeit und Transformation.

260. Naṭarāja naṭarāja, nartana sundara

naṭarāja naṭarāja,
nartana sundara naṭarāja
śiva-rāja śiva-rāja,
śivakāmī-priya śiva-rāja
cidambareśa naṭarāja,
partipurīśvara naṭarāja

261. Śiva śiva śiva śambho

śiva śiva śiva śambho
mahādeva śambho

262. Śiva śiva śambho śaṅkara

śiva śiva śambho śaṅkara
hara hara hara mahādeva
gaṅgā-jaṭādhara gaurī-manohara
partipuri-parameśvara

263. Gaṇeśa śaraṇam

gaṇeśa śaraṇam
śaraṇaṃ gaṇeśa

Ich suche Zuflucht in Gaṇeśa.

264. Śaṅkara karuṇākara

śaṅkara karuṇākara
parameśvara jagadīśvara // 1 //

śaṅkari karuṇākari
parameśvari jagadīśvari // 2 //

265. Śambho śaṅkara sadāśiva

Refrain:

śambho śaṅkara sadāśiva
ambuja-nayana nārāyaṇa // 1 //

kailāsa-vāsa sadāśiva
vaikuṇṭha-vāsa nārāyaṇa // 2 //

pārvatī-ramaṇa sadāśiva
lakṣmī-ramaṇa nārāyaṇa // 3 //

nandī-vāhana sadāśiva
garuḍa-vāhana nārāyaṇa // 4 //

266. Oṃ namaḥ śivāya

oṃ namaḥ śivāya
śivāya nama om
nandī-vāhana namaḥ śivāya
sadā-lola-hara namaḥ śivāya

Ich verneige mich vor Śiva, dessen Reittier Nandī, der Stier, ist.
Ich verneige mich vor Śiva, dem Zerstörer der Ruhelosigkeit.

267. Subrahmaṇya subrahmaṇya

subrahmaṇya subrahmaṇya
ṣaṇmuga-nātha subrahmaṇya
subrahmaṇya subrahmaṇya
ṣaṇmuga-nātha subrahmaṇya // 1 //

hara hara hara hara subrahmaṇya
śiva śiva śiva śiva subrahmaṇya
śiva śiva hara hara subrahmaṇya
hara hara śiva śiva subrahmaṇya // 2 //

subrahmaṇya subrahmaṇya
kārttikeya subrahmaṇya
subrahmaṇya subrahmaṇya
murugana subrahmaṇya // 3 //

śiva śaravaṇabhava subrahmaṇya
hara śaravaṇabhava subrahmaṇya
oṃ śaravaṇabhava subrahmaṇya
guru śaravaṇabhava subrahmaṇya // 4 //

subrahmaṇya subrahmaṇya
ṣaṇmuga-nātha subrahmaṇya
subrahmaṇya subrahmaṇya
ṣaṇmuga-nātha subrahmaṇya // 5 //

Subrahmanya ist Śivas Sohn. Er befehligt die Armee der devas - der Engel, die den höheren Geist verkörpern - in ihrem Sieg über die asuras, die Dämonen, die den niederen Geist symbolisieren.

268. Kailāś kī śakti

kailāś kī śakti śiva-śaṅkara
kī jaya jaya

yamunā kī jaya jaya,
gaṅgā kī jaya jaya

oṃ namaḥ śivāya,
śivāya namaḥ

269. Oṃ śaraṇam om

oṃ śaraṇam om
oṃ śaraṇam om
śaraṇaṃ namaḥ om
oṃ namaḥ śivāya
nama om

Shiva und seine Gemahlin Pārvati

270. Bolo bolo sadāśiva bolo

bolo bolo sadāśiva bolo
oṃ namaḥ śivāya,
oṃ namaḥ śivāya // 1 //

bolo bolo sab mil bolo
oṃ namaḥ śivāya,
oṃ namaḥ śivāya // 2 //

271. Hara hara hara hara

hara hara hara hara
namāmi śaṅkara
bhaja mana hare rām // 1 //

hara hara śiva śiva sadāśiva
bhaja mana hare rām // 2 //

śiva śiva hara hara sadāśiva
bhaja mana hare rām // 3 //

272. Oṃ namaḥ śivāya

oṃ namaḥ śivāya,
oṃ namaḥ śivāya
śivāya namaḥ,
śivāya nama oṃ // 1 //

śambho śaṅkara
namaḥ śivāya
girijā śaṅkara
namaḥ śivāya // 2 //

(Wiederholung Strophe 1)

273. Karpūra-gauram

karpūra-gauraṃ karuṇāvatāraṃ '
saṃsāra-sāraṃ bhujagendra-hāraṃ /

sadā vasantaṃ hṛdayāravinde '
bhavaṃ bhavānī-sahitaṃ namāmi //

DEVĪ-KĪRTANS

Devī ist die göttliche Energie in der weiblichen Form der universellen Mutter. Bewusstsein, auch *brahman*, Śiva, *ātman*, *puruṣa* genannt, ist der statische, männliche Pol. Schöpfung, auch *māyā*, *śakti* oder *prakṛti* genannt, ist der dynamische, weibliche Pol. Für viele ist es einfacher, sich Gott in seiner weiblichen Gestalt zu nähern: Da die Beziehung zur irdischen Muttter gewöhnlich stärker ausgeprägt ist als die Beziehung zum Vater, ist es leichter, sich Durgā zu nähern als Śiva.

Devī manifestiert sich als das grobstoffliche, als das astrale sowie auch das kausale Universum und verwendet die Kräfte von Schöpfung, Erhaltung und Zerstörung. In jedem Individuum ist sie vorhanden als *māyā* (Illusion), *avidyā* (Unkenntnis), *tṛṣṇā* (Durst, Begierde) und *krodha* (Zorn). Sie ist auch vorhanden als *viveka* (Unterscheidung), *vairāgya* (Leidenschaftslosigkeit, Verhaftungslosigkeit) und *mumukṣutva* (Sehnsucht nach Befreiung).

Sie ist Ursache sowohl von Verhaftung als auch von Befreiung des Individuums. Da alles eine Manifestation von Devī ist, kann nichts ohne ihre Gunst geschehen.

Devī wird verkörpert in den Gestalten von Durgā, Lakṣmī, Sarasvatī und Kālī:

Durgā vertritt die ideale mütterliche Liebe. Sie wird auf einem Löwen oder Tiger reitend dargestellt, der die Stärke symbolisiert, mit der sie ihre Kinder beschützt.

Durgā, die Verkörperung der mütterlichen Liebe und der kosmischen Energie.

Sarasvatī ist die Göttin der Beredsamkeit, Weisheit, des Lernens, Wissens, der Künste und der Musik. Sie ist bekleidet mit einem weißen *sārī* (indisches Kleidungsstück) und hat einen heiteren, ruhigen Gesichtsausdruck.

Lakṣmī ist die Göttin des Glücks, der Schönheit und des Reichtums. Lakṣmī ist die Mutter, die ihren Kindern alles gibt, sowohl im spirituellen wie im materiellen Sinne. Sie ist die Gemahlin von Viṣṇu.

Kālī, die schwarze Göttin, erscheint wild und ungestüm, ist aber zu denen, die ihr ergeben sind, gütig und sanft. Jedoch verlangt sie von ihnen völlige Hingabe.

300. Sāmba-sadā-śiva

sāmba-sadā-śiva,
sāmba-sadā-śiva
sāmba-sadā-śiva,
śāmba-śiv(a) oṃ hara // 1 //

oṃ mātā oṃ mātā,
oṃ śrī mātā jagadambā
oṃ mātā oṃ mātā,
oṃ śrī mātā jagadambā // 2 //

umā parameśvarī,
śrī bhuvaneśvarī
ādi-parāśakti,
devī maheśvarī // 3 //

301. Kālī mā

kālī mā, kālī mā,
kālī mā, kālī mā (2x)

durgā mā .... lakṣmī mā ...
sarasvatī mā ...

Maria mā ... mother mā ...
be with me ... set me free ...

302. Jaya ho mātā

jay(a) ho mātā jay(a) jagadambā
rājarājeśvarī, śrī parāt parī

303. Gauri gauri gaṅge rājeśvari

gauri gauri gaṅge rājeśvari
gauri gauri gaṅge bhuvaneśvari
gauri gauri gaṅge maheśvari
gauri gauri gaṅge māteśvari // 1 //

gauri gauri gaṅge mahākāli
gauri gauri gaṅge mahālakṣmi
gauri gauri gaṅge pārvati
gauri gauri gaṅge sarasvati // 2 //

304. Devi devi devi

devi devi devi jaganmohini
devi devi devi jaganmohini
caṇḍikā-devi caṇḍa-muṇḍa-hāriṇi
cāmuṇḍeśvari ambike devi

(samara sagaran taranam
cheyuvan niraya margam
kettane devi)

Göttliche Mutter, zeige uns den richtigen Weg, den Ozean der Veränderlichkeiten zu überwinden.

Lakṣmī (hier mit Gaṇeśa und Sarasvatī) symbolisiert Schönheit und Fülle des Lebens.

305. Kālī durge namo namaḥ

kālī durge namo namaḥ,
kālī durge namo namaḥ // 1 //

umā pārvatī ānandamayī,
kālī durge namo namaḥ // 2 //

mā kālī durge namo namaḥ,
kālī durge namo namaḥ // 3 //

rājarājeśvarī ānanda-mā,
tripurasundarī ānanda-mā // 4 //

kālī durge namo namaḥ,
kālī durge namo namaḥ // 5 //

mahāśakti ānanda-mā,
mā kālī durge namo namaḥ // 6 //

kālī durge namo namaḥ,
kālī durge namo namaḥ // 7 //

306. Oṃ mātā kālī

oṃ mātā kālī,
oṃ mātā durge

kālī durge namo namaḥ,
kālī durge namo namaḥ

307. Jay durge

jay durge jay durge,
jay durge kālī

jay mātā jay mātā,
jay mahākālī

jay ambā kālī,
jagadambā kālī

Kālī symbolisiert die transformierende Kraft, die Veränderung.

308. Durge jaya jaya

durge jaya jaya,
durge jaya jaya
durita-nivāriṇi,
durge jaya jaya /

durge jaya jaya,
durge jaya jaya
bhava-bhaya-hāriṇi,
bhavāni jaya jaya //

309. Dīnoddhāriṇī

dīnoddhāriṇī durita-hāriṇī
sattva-raja-tama-triguṇa-dhāriṇī
sandhyā sāvitrī sarasvatī gāyatrī
sītā jānakī paṅkaja-lakṣmī
rādhā rukmiṇī paṅkaja-lakṣmī

310. Mahāvidyā-gāyatrī

om aiṃ tripurādevyai ca vidmahe
klīṃ kāmeśvaryai ca dhīmahi
sauḥ tan naḥ klinne pracodayāt

Sarasvatī, die Göttin der Musik, der Künste, der Beredsamkeit und der Weisheit.

311. Oṃ śakti, oṃ śakti

oṃ śakti, oṃ śakti, oṃ śakti om
oṃ śakti, oṃ śakti, oṃ śakti om // 1 //

brahmā-śakti, viṣṇu-śakti, śiva-śakti om
oṃ śakti, oṃ śakti, oṃ śakti om // 2 //

icchā-śakti, kriyā-śakti, jñāna-śakti om
oṃ śakti, oṃ śakti, oṃ śakti om // 3 //

devī-śakti, māyā- śakti, guru-śakti om
oṃ śakti, oṃ śakti, oṃ śakti om // 4 //

ādi-śakti, parā-śakti, mahāśakti om
oṃ śakti, oṃ śakti, oṃ śakti om // 5 //

312. Gaṅgā āratī

oṃ jaya gaṅge mātā,
maiyā jaya gaṅge mātā /
jo nara tuma ko dhyātā
(jo nara tuma ko dhyātā)
mana-vāñchita phala pātā /
oṃ jaya gaṅge mātā // 1 //

candra-sī jyoti tumhārī,
jala nirmala ātā
(maiyā jala nirmala ātā) /
śaraṇa paṛe jo terī
(śaraṇa paṛe jo terī)
so nara tara jātā /
oṃ jaya gaṅge mātā // 2 //

putra sagara ke tāre,
saba jaga ko jñātā
(maiyā saba jaga ko jñātā) /
kṛpā-dṛṣṭi tumhārī
(kṛpā-dṛṣṭi tumhārī)
tribhuvana-sukha-dātā /
oṃ jaya gaṅge mātā // 3 //

eka hī bāra jo terī,
śaraṇāgata ātā
(maiyā śaraṇāgata ātā) /
yama kī trāsa miṭā kara
(yama kī trāsa miṭā kara)
parama gati pātā /
oṃ jaya gaṅge mātā // 4 //

āratī māta tumhārī,
jo koī nara gātā
(maiyā jo koī nara gātā) /
dāsa vahī sahaja mẽ
(bhakta vahī sahaja mẽ)
mukti ko pātā /
oṃ jaya gaṅge mātā // 5 //

karpūra-gauraṃ karuṇāvatāraṃ '
saṃsāra-sāraṃ bhujagendra-hāraṃ /
sadā vasantaṃ hṛdayāravinde '
bhavaṃ bhavānī-sahitaṃ
namāmi // 6 //

bol gaṅgā maiyā kī jay
saccidānanda-bhagavān kī jay
śrī sadguru svāmī śivānanda
mahārāja kī jay
namaḥ pārvatī-pataye
hara hara mahādev // 7 //

313. Namo 'stu te

namo 'stu te, namo 'stu te
jaya śrī durgā namo 'stu te
namo 'stu te, namo 'stu te // 1 //

namo 'stu te, namo 'stu te
jaya śrī śakti namo 'stu te
namo 'stu te, namo 'stu te // 2 //

namo 'stu te, namo 'stu te
jaya śrī kālī namo 'stu te
namo 'stu te, namo 'stu te // 3 //

namo 'stu te, namo 'stu te
jaya śrī lakṣmī namo 'stu te
namo 'stu te, namo 'stu te // 4 //

314. Devī āratī

maiyā jay(a) maṅgala-mūratī,
maiyā jay(a) ānanda-karaṇī /
tumako niśi-dina dhyāvata
(tumako niśi-dina dhyāvata)
hari brahmā śiva rī /
oṃ jay ambe gaurī // 1 //

māṅga sindūra virājata
ṭīko mṛga-mada ko
(maiyā ṭīko mṛga-mada ko) /
ujjvala se doū nainā
(ujjvala se doū nainā)
candra-vadana nīko /
oṃ jay ambe gaurī // 2 //

kanaka-samāna kalevara
raktāmbara rāje
(maiyā raktāmbara rāje) /
rakta-puṣpa-vana-mālā
(rakta-puṣpa-vana-mālā)
kaṇṭhana para sāje /
oṃ jay ambe gaurī // 3 //

kehari-vāhana rājata
khaḍ(a)ga-khappara dhārī
(maiyā khaḍ(a)ga-khappara dhārī) /
sura nara muni-jana sevita
(sura nara muni-jana sevita)
tinake dukha hārī /
oṃ jay ambe gaurī // 4 //

kānana kuṇḍala śobhita
nāsāgre motī
(maiyā nāsāgre motī) /
koṭika candra-divākara
(koṭika candra-divākara)
rājata sama jyotī /
oṃ jay ambe gaurī // 5 //

śumbha-niśumbha vidāre
mahiṣāsura-ghātī
(maiyā mahiṣāsura-ghātī) /
dhūmra-vilocana-nāśinī
(dhūmra-vilocana-nāśinī)
niśi-dina mada-mātī /
oṃ jay ambe gaurī // 6 //

caũsaṭha yoginī gāvata
nṛtya karata bhairũ
(maiyā nṛtya karata bhairũ) /
bājata tāla mṛdaṅgā
(bājata tāla mṛdaṅgā)
aru bājata ḍamarū /
oṃ jay ambe gaurī // 7 //

bhujā cāra ati śobhita
śaṅkha-khappara dhārī
(maiyā śāṅkha-khappara dhārī) /
mana vāñchita phala pāvata
(mana vāñchita phala pāvata)
sevata nara-nārī /
oṃ jay ambe gaurī // 8 //

kañcana thāla virājata
agara kapūra bātī
(maiyā agara kapūra bātī) /
śrī-mālaketu mẽ rājata
(śrī-mālaketu mẽ rājata)
koṭi ratana jyotī /
oṃ jay ambe gaurī // 9 //

yah(a) ambe jī kī āratī
jo koī nita gāve
(maiyā jo koī nita gāve) /
kahata śivānanda svāmī
(kahata śivānanda svāmī)
sukha-sampati pāve /
oṃ jay ambe gaurī // 10 //

oṃ jay ambe gaurī,
oṃ jay ambe gaurī
oṃ jay ambe gaurī,
oṃ jay ambe gaurī // 11 //

Glory to the mother of the universe,
glory to the mother of the universe,
glory to the mother of the universe,
oṃ jay ambe gaurī // 12 //

315. Jay ambe

jay ambe jagadambe
mātā bhavānī jay ambe
durgati-nāśinī durge jaya jaya
kāla-vināśinī kālī jaya jaya
umā ramā brahmāṇī jaya jaya
rādhā ruk(a)miṇī sītā jaya jaya

316. Bhaja mana mā

bhaja mana mā mā mā mā
ānanda-mayī mā mā
ānanda-rūpiṇī mā mā

317. Jaya mā

jaya mā jaya mā, jaya ānanda mā
jaya mā jaya mā, jaya ānanda mā

318. Sītā-rāma

sītā-rāma, nama oṃ śivāya // 1 //
rādhe-śyāma, oṃ namaḥ śivāya // 2 //
śakti śiva, nama oṃ śivāya // 3 //
brahmā viṣṇu, oṃ namaḥ śivāya // 4 //
ambā mātā, nama oṃ śivāya // 5 //
sāī bhavānī, oṃ namaḥ śivāya // 6 //

319. Jaya jagadambe

jay(a) jagadambe sītā rādhe,
gaurī durge namo namaḥ // 1 //

kālī durge namo namaḥ,
kalī durge namo namaḥ // 2 //

umā pārvatī ānanda-mayī,
kālī durge namo namaḥ // 3 //

mā kālī durge namo namaḥ,
kālī durge namo namaḥ // 4 //

kālī durge namo namaḥ,
jay mā kālī durge namo namaḥ // 5 //

320. Jaya durgā lakṣmī sarasvatī

jaya durgā lakṣmī sarasvatī
sāī jaganmātā, mām pāhi jaganmātā
sāī jaganmātā, mām pāhi jaganmātā

321. Jaya mātā kālī

jay(a) mātā kālī,
jay(a) mātā durge
kālī durge namo namaḥ

322. Oṃ kālī oṃ mātā

oṃ kālī oṃ mātā
durgā-devī namo namaḥ
śakti kuṇḍalinī jagadambā mātā

323. Oṃ pārvatī ānanda-mā

oṃ pārvatī ānanda-mā,
oṃ pārvatī ānanda-mā

kālī durge namo namaḥ,
kālī durge namo namaḥ

oṃ namaḥ śivāya namaḥ śivāya,
oṃ namaḥ śivāya namaḥ śivāya

oṃ namaḥ śivāya namaḥ śivāya,
oṃ namaḥ śivāya namaḥ śivāya

324. Śānti jaya jaya jaya

śānti jaya jaya jaya (3x)
śānti jaya

oṃ mā ānanda-pūrṇimā
pārvatī śānti jaya

325. Devi sureśvari – Gaṅgā-stotra

devi sureśvari bhagavati gaṅge '
tribhuvana-tāriṇi tarala-taraṅge /
śaṅkara-mauli-vihāriṇi vimale '
mama matir āstāṃ
tava pada-kamale // 1 //

bhāgīrathi sukha-dāyini mātaḥ '
tava jala-mahimā nigame khyātaḥ /
nāhaṃ jāne tava mahimānaṃ '
pāhi kṛpā-mayi mām ajñānam // 2 //

326. Bhavānī jaya jaya

bhavānī jaya jaya,
bhavānī jaya jaya

kailāś kī śakti,
śiva-śaṅkara kī jaya jaya

yamunā kī jaya jaya,
gaṅgā kī jaya jaya

327. Jagadambe mā

jagadambe mā (4x)

328. Jaya mā durgā

jaya mā durgā (4x)

329. Ambe jagadambe

ambe jagadambe
jagadambe jay jay mā

330. Durge durge durge

durge durge durge, jay jay mā
karuṇā-sāgarī mā
kālī kapālinī mā
jagaduddhāriṇī mā
jagadambe jay jay mā

331. Ambā ambā jay jagadambā

ambā ambā jay jagadambā
jay bhuvaneśvarī jay jay mūkāmbā
mātā mātā jay jaganmātā
jay parameśvarī jay viśva-mātā
śakti śakti śakti jay śiva śakti
jay kāmeśvarī jay mahāśakti
devī devī devī jay mahādevī
jay cāmuṇḍeśvarī jay gaurīdevī

332. Jaya śrī mā

jaya śrī mā, jaya sarasvatī mā
jaya śrī mā ...
ānanda-mayī jaya śrī mā
jaya śrī sarasvatī mā

Im Folgenden statt „sarasvatī" einzusetzen: kālī ... durgā ... lakṣmī ... devī ...

333. He mahālakṣmī

he mahālakṣmī (3x)
jagadambe jay jay mā

Im Folgenden statt „mahālakṣmī" einzusetzen: mahākālī ... mahādurgā ... sarasvatī ... mahādevī ...

334. Sarasvatī mahāsarasvatī

sarasvatī mahāsarasvatī
jay jay jay mā (4x)
jaya mā (4x)
mā jaya mā jaya mā jaya mā
sarasvatī mā

335. Lakṣmī āratī

oṃ jay lakṣmī mātā
(maiyā jay lakṣmī mātā)
tuma ko nisi-dina sevata
(maiyā jī ko nisi-dina sevata),
hara-viṣṇū-dhātā /
oṃ jay lakṣmī mātā // 1 //

umā, ramā, brahmāṇī
tuma hī jaga-mātā
(maiyā tuma hī jaga-mātā)
sūrya-candramā dhyāvata
(sūrya-candramā dhyāvata)
nārada ṛṣi gātā /
oṃ jay lakṣmī mātā // 2 //

durgā-rūpa nirañjani
sukha-sampati dātā
(maiyā sukha-sampati dātā) /
jo koī tuma ko dhyāvata
(jo koī tuma ko dhyāvata)
ṛddhi-siddhi-dhana pātā /
oṃ jay lakṣmī mātā // 3 //

tuma pātāla-nivāsinī
tuma hī śubha-dātā
(maiyā tuma hī śubha-dātā)
karama-prabhāva-prakāśinī
(karama-prabhāva-prakāśinī)
bhava-nidhi kī trātā /
oṃ jay lakṣmī mātā // 4 //

jisa ghara tuma rahatī tahã
saba sata-guṇa ātā
(maiya saba sata-guṇa ātā)
saba sambhava ho jātā
(saba sambhava ho jātā)
mana nahī̃ ghabarātā /
oṃ jay lakṣmī mātā // 5 //

tuma bina yajña na hote
vastra na ho pātā
(maiyā vastra na ho pātā)
khāna-pāna kā vaibhava,
(khāna-pāna kā vaibhava)
saba tuma se ātā /
oṃ jay lakṣmī mātā // 6 //

śubha-guṇa-mandira sundara
kṣīrodadhi-jātā
(maiyā kṣīrodadhi-jātā)
ratna catur-daśa tuma bina
(ratna catur-daśa tuma bina)
koī nahī̃ pātā /
oṃ jay lakṣmī mātā // 7 //

mahā-lakṣmī (jī) kī ārati
jo koī nara gātā
(maiyā jo koī nara gātā)
ura ānanda samātā
(ura ānanda samātā)
pāpa utara jātā /
oṃ jay lakṣmī mātā // 8 //

(Wiederholung Strophe 1)

GURU-KĪRTANS

Auf dem spirituellen Weg ist Führung notwendig. Wir rufen die Energie des *guru* an, der in Wahrheit in unserem eigenen Selbst liegt. Solange wir in *māyā* (Illusion) gefangen sind, können wir uns auf eine real existierende Person aus Gegenwart oder Vergangenheit einstimmen, die uns über die zahlreichen Hindernisse hinwegführt.

Swami Sivananda wurde am 8. September 1887 in Südindien geboren. Nach dem Studium der Medizin ging er nach Malaysia. Dort leitete er ein Krankenhaus und wurde als der „Doktor der Armen" bekannt.

1923 gab er seinen Beruf und alle weltlichen Ambitionen auf, um sich ganz der Suche nach dem Absoluten zu widmen. Er ließ sich in Rishikesh (Himālaya) nieder. Hier praktizierte er intensiv Meditation, Yoga und Askese. Er erreichte *nirvikalpa-samādhi*, die Verwirklichung des Absoluten. Das Licht und die Ausstrahlung von Swami Sivananda zog schon bald viele Sucher an. So entstanden 1932 der Sivananda Ashram und die Divine Life Society.

Swami Sivananda sah es als seine Aufgabe an, die spirituellen Lehren des Yoga für alle Menschen verständlich zu verbreiten. Er schrieb nahezu 300 Bücher, gründete die Yoga Vedanta Forest Academy, leitete zahllose Suchende an und begleitete ihren spirituellen Fortschritt. Er schickte einige seiner engeren Schüler in alle Welt und trug so entscheidend zur weltweiten Verbreitung des Yoga bei.

Swami Sivananda. Sein Leitspruch: „Serve, love, give, purify, meditate, realize".

Am 14. Juli 1963 verließ Swami Sivananda seinen Körper und erreichte *mahā-samādhi*. Noch heute spüren viele Sucher, dass die Führung und Gnade Swami Sivanandas sie auf ihrem Weg begleitet.

Swami Sivananda bildete zahlreiche Schüler aus aller Welt aus, von denen viele eine wichtige Rolle spielten bei der Verbreitung des Yoga im Westen.

350. Gurur brahmā

gurur brahmā gurur viṣṇur '
gurur devo maheśvaraḥ /
guruḥ sākṣāt paraṃ brahma '
tasmai śrī-gurave namaḥ // 1 //

śivānanda śivānanda '
śivānanda pāhi mām /
sadgurudeva sadgurudeva '
sadgurudeva rakṣa mām // 2 //

351. Vande gurudev

vande gurudev,
jaya jaya gurudev
jay śrī-gurudev,
jaya jaya gurudev // 1 //

vande gurudev,
śivānanda gurudev
jay śrī-gurudev,
śivānanda gurudev // 2 //

Swami Krishnananda, der Philosoph unter den Schülern Swami Sivanandas, bekannt für die Schärfe seines Geistes.

352. Gurudeva

gurudeva, gurudeva,
jaya gurudev(a)

śivānanda gurudeva,
jaya gurudev(a) // 1 //

If you want to be like him
You must follow Him
Not my will but Thy will my Lord
Not my will but Thy will.

353. Deva-deva śivānanda

deva-deva śivānanda '
dīna-bandho pāhi mām /
candra-vadana manda-hāsa '
prema-rūpa rakṣa mām // 1 //

Sivananda, Inkarnation göttlicher Liebe, Bruder der Demütigen, möge er mich beschützen. / Er hat ein Gesicht rein wie der Mond, mildes Lächeln, Verkörperung von Liebe, möge er mich beschützen.

madhura-gīta-gāna-lola '
jñāna-rūpa pāhi mām /
samasta-loka-pūjanīya '
mohanāṅga rakṣa mām // 2 //

Er, der Wonne erfährt beim Singen schöner Lieder, Verkörperung von Weisheit, möge er mich beschützen. / Er, der verehrt wird von allen Wesen, der aus bezaubernden Gliedern besteht, möge er mich beschützen.

divya-gaṅgā-tīra-vāsa '
dāna-śīla pāhi mām /
pāpa-haraṇa puṇya-śīla '
parama-puruṣa rakṣa mām // 3 //

Er, der an den Ufern des Ganges wohnt, der großzügig ist, möge er mich beschützen.

Er, der Sünden beseitigt, der voll von Tugenden ist, oberster puruṣa, möge er mich beschützen.

bhakta-loka-hṛdaya-vāsa '
svāmi-nātha pāhi mām /
cit-svarūpa cidānanda '
śivānanda rakṣa mām // 4 //

Er, der in den Herzen der Frommen ruht, Gott, möge er mich beschützen. / Er, der die Verkörperung des Bewusst-seins und der Wonne ist, Sivananda schütze mich.

sadguru jaya śivānanda '
sadguru jaya pāhi mām /
sadguru jaya śivānanda '
sadguru jaya rakṣa mām // 5 //

354. Oṃ bhagavān

oṃ bhagavān
śrī bhagavān
ānanda-bhagavān
śivānanda bhagavān // 1 //

Śrī Swami Chidananda, „Swamiji" (1916-2008). Einer der ältesten Schüler von Swami Sivananda, ehemaliger Präsident der Divine Life Society. Bekannt für seine Einfachheit, Liebe und Demut.

Āratī Lichtzeremonie im Yoga Vidya Ashram anlässlich einer guru-pūjā zu Swami Sivananda mahāsamādhi.

oṃ gurudev
śrī gurudev
ānanda-gurudev
śivānanda gurudev // 2 //

355. Jaya gurudev

jaya gurudev jaya (4x) // 1 //

jaya gurudev jaya,
jaya gurudev jaya
jaya gurudev jaya,
śivānanda guru jaya // 2 //

jaya sītā-rām jaya,
jaya hanumān jaya
jaya sītā-rām jaya,
jaya hanumān jaya // 3 //

jaya śiva-śaṅkara,
jaya śiva-śaṅkara
jaya śiva-śaṅkara,
hara hara śaṅkara // 4 //

sadgurudev śivānanda bhagavān
sadgurudev śivānanda bhagavān // 5 //

Ramakrishna, 1834-1886, bekannt für die Verbindung von Weisheit und Liebe.

357. Śivānanda nama om

śivānanda nama om
jaya gurudeva
oṃ guru jaya gurudeva

358. Saccidānanda-guru

saccidānanda-guru,
saccidānanda
saccidānanda-guru,
saccidānanda // 1 //

ānanda-guru om,
śivānanda guru om
ānanda-guru om,
śivānanda guru om // 2 //

Im Folgenden statt „guru“ in der ersten Strophe einzusetzen:

kṛṣṇa ... rāma ... śiva ... brahmā ... jesus ... lakṣmī ... gītā ... etc.

359. Gurudeva jī

gurudeva jī, gurudev gurudev
gurudeva jī gurudev
deva jī gurudev gurudev
gurudeva jī, gurudev gurudev

360. Hara hara gurudeva

hara hara gurudeva
hara hara gurudeva
parabrahma-parameśvara [gurudeva]
parabrahma-parameśvara [gurudeva]

Swami Vivekananda, 1863-1902

Ramana Maharishi, 1879-1950, war ein großer jnāna-yogī.

361. Jay guru

jay guru jay guru,
jay guru jay
jay guru jay guru,
jay jay guru jay // 1 //

śrī rām jaya rām,
jay(a) jaya rām
śrī rām jaya rām,
jaya jaya rām // 2 //

sītā-rām jaya,
rājā rām jaya
gaurī-śaṅkara,
sītā-rām // 3 //

śiva durgā śiva durgā,
durgā durgā śiva śiva
śiva kālī śiva kālī,
kālī kālī śiva śiva // 4 //

jay mā jay mā,
jay mā jay
jay mā jay mā,
jay mā jay // 5 //

āmi tomāri, āmi tomāri, āmi tomāri
priya he āmi tomāri // 6 //

Ich gehöre ganz Dir, mein Gott.

tumi āmāri, tumi āmāri, tumi āmāri
nātha he tumi āmāri // 7 //

Du gehörst ganz mir, mein Gott.

jay bhagavān jaya,
jay bhagavān
jay bhagavān jaya,
jaya śivānanda // 8 //

lakṣmī nārāyaṇ, lakṣmī nārāyaṇ
lakṣmī nārāyaṇ, rām // 9 //

rādhe govinda, rādhe govinda
rādhe govinda, śyām // 10 //

hare kṛṣṇa hare kṛṣṇa,
kṛṣṇa kṛṣṇa hare hare
hare rāma hare rāma,
rāma rāma hare hare // 11 //

(Wiederholung Strophe 1)

362. Jyota se jyota

Refrain:

jyota se jyota jagāvo,
sadguru jyota se jyota jagāvo
merā antara-timira miṭāvo,
sadguru jyota se jyota jagāvo //

Entzünde mein Licht mit deinem Licht, o Sadguru. Entzünde mein Licht mit Deinem Licht. Beseitige die Dunkelheit, die mein Herz bedeckt.

he yogeśvara he jñāneśvara,
he yogeśvara he jñāneśvara
he sarveśvara he parameśvara,
he sarveśvara he parameśvara
nija kṛpā barasāvo,
sadguru jyota se jyota jagāvo
merā antara-timira miṭāvo,
sadguru jyota se jyota jagāvo // 1 //

O Herr des Yoga, o Herr des Wissens, o Herr aller Wesen, o großer Meister, sende uns Deine Gnade.

hama bālaka tere dvāra pe āye,
hama bālaka tere dvāra pe āye
maṅgala-darasa dikhāvo,
sadguru jyota se jyota jagāvo
merā antara-timira miṭāvo,
sadguru jyota se jyota jagāvo // 2 //

Wir, Deine Kinder, klopfen an Deine Tür. Bitte gib uns eine Vision Deiner glückverheißenden Gestalt.

śīśa jhukāya karẽ terī āratī,
śīśa jhukāya karẽ terī āratī
prema-sudhā barasāvo,
sadguru jyota se jyota jagāvo
merā antara-timira miṭāvo,
sadguru jyota se jyota jagāvo // 3 //

Wir verehren Dich, neigen unseren Kopf vor Dir. Gieße den Nektar Deiner Liebe über uns.

antara mẽ yuga yuga se soī,
antara mẽ yuga yuga se soī
citi-śakti ko jagāvo,
sadguru jyota se jyota jagāvo
merā antara-timira miṭāvo,
sadguru jyota se jyota jagāvo // 4 //

Erwecke diese citi-śakti (kuṇḍalinī), die in uns seit Ewigkeiten schläft.

sā̃cī jyota jage hṛdaya mẽ,
sā̃cī jyota jage hṛdaya mẽ
so 'ham nāda jagāvo,
sadguru jyota se jyota jagāvo
merā antara-timira miṭāvo,
sadguru jyota se jyota jagāvo // 5 //

Die wahre Flamme ist lebendig in unseren Herzen. Erwecke in uns den Klang des so 'ham Mantras.

jīvana śivānanda avināśī,
jīvana śivānanda avināśī
caraṇa śaraṇa lagāvo,
sadguru jyota se jyota jagāvo
merā antara-timira miṭāvo,
sadguru jyota se jyota jagāvo // 6 //

O unvergänglicher Sivananda. Lass unser Leben Dir gewidmet sein.

Swami Sivananda

Mata Amritanandamayi, 1953 geboren, ist eine lebende Meisterin.

363. Śrī-guru-caraṇam

śrī-guru-caraṇam
śrī-hari śaraṇam

śaraṇaṃ, śaraṇam
hari oṃ śivānanda

hari oṃ śivānanda
hari oṃ, hari oṃ, hari om

Anandamayi Ma, 1896-1982, genannt die „Glückselige Mutter“.

Mahatma Gandhi, 1869-1948, gilt als großer Yogameister.

364. Hari oṃ śivānanda

hari oṃ śivānanda,
hari oṃ śivānanda (2x)

hari hari oṃ hari hari om (2x)

Im Folgenden ist statt ‘śivānanda’ jeweils zu singen (letzte Zeile bleibt):

Jesus Christ ... mother Mary ...
universe ... mother earth ...
Moses, Buddha ... Buddha, Allah

Yogananda, 1893-1952, war der erste Yogameister, der sich im Westen niederließ.

VEDANTISCHE GESÄNGE UND HYMNEN

Vedānta bedeutet „Ende des Wissens". Die *vedānta*-Philosophie sagt, dass wir weder ein Käfig aus Fleisch, noch der flüchtige Geist oder eine begrenzte Persönlichkeit sind, sondern das alles durchdringende universelle Selbst, unberührt durch Freude und Leid. *Vedānta* führt uns zur Erkenntnis, dass diese Welt unwirklich ist. Nur *brahman* (das Absolute, Gott) allein ist wirklich und das individuelle Selbst ist eins mit *brahman*, dem Absoluten.

400. Sacarācara

sacarācara-paripūrṇa-śivo 'ham
nityānanda-svarūpa-śivo 'ham // 1 //

ānando 'ham ānando 'ham
ānandaṃ brahmānandam // 2 //

sākṣi-caitanya-kūṭastho 'ham
nityānitya-svarūpa-śivo 'ham // 3 //

Meine wahre Natur ist unsterblich, ewig, rein, unendlich. Ich bin Wonne, ich bin Wonne, göttliche Wonne bin ich. Ich bin reines Bewusstsein, unbeteiligter Beobachter von allem. Ich bin Śiva, eins mit dem Göttlichen.

401. Śuddho 'si buddho 'si

Strophen 1A und 1B können separat gesungen werden, 1C gehört zur Gesamtversion aus dem Mārkaṇḍeyapurāṇa. Die Übersetzung steht in der Neuauflage des 'KĪRTANA', des großen Yoga Vidya Kīrtanbuchs.

śuddho 'si buddho 'si nirañjano 'si '
saṃsāra-māyā-parivarjito 'si /

Jagadguru Śaṅkarācārya, großer vedantischer jñāna-yoga-Meister im 9. Jh. n. Ch.

saṃsāra-svapnaṃ tyaja moha-nidrāṃ '
madālasā vākyam uvāca putram // 1A //

„Du bist rein, du bist erwacht, du bist unmanifest, du bist frei vom Kreislauf der Wiedergeburten und von Illusion, gib auf den Traum des saṃsāra, den Schlaf der Verblendung" – [diesen] Satz sprach Madālasā zu ihrem Sohn.

śuddho 'si buddho 'si nirañjano 'si '
saṃsāra-māyā-parivarjito 'si /
saṃsāra-svapnaṃ tyaja moha-nidrāṃ '
na janma mṛtyus tat-sat-svarūpe // 1B //

**śuddho 'si buddho 'si nirañjano 'si '
saṃsāra-māyā-parivarjito 'si /
saṃsāra-svapnaṃ tyaja moha-nidrāṃ '
madālasollāpam uvāca putram // 1C //**

**śuddho'si re tāta na te 'sti nāma '
kṛtaṃ hi te kalpanayādhunaiva /
pañcātmakaṃ deham idaṃ tavaitan '
naivāsya tvaṃ rodiṣi kasya hetoḥ // 2 //**

na vā bhavān roditi vai svajanmā '
śabdo 'yam āsādya mahīśa-sūnum /
vikalpyamānā vividhā guṇās te '
'guṇāś ca bhautāḥ sakalendriyeṣu // 3 //

bhūtāni bhūtaiḥ paridurbalāni '
vṛddhiṃ samāyānti yatheha puṃsaḥ /
annāmbu-dānādibhir eva tasmān '
na te 'sti vṛddhir na ca te 'sti hāniḥ // 4 //

tvaṃ kañcuke śīryamāṇe nije 'smins '
tasmiṃś ca dehe mūḍhatāṃ mā vrajethāḥ /
śubhāśubhaiḥ karmabhir deham etan '
madādi-mūḍhaih kañcukas te pinaddhaḥ // 5 //

tāteti kiṃcit tanayeti kiṃcid '
ambeti kiṃcid dayiteti kiṃcit /
mameti kiṃcin na mameti kiṃcit '
tvaṃ bhūta-saṅgham bahu mānayethāḥ // 6 //

duḥkhāni duḥkhopaśamāya bhogān '
sukhāya jānāti vimūḍha-cetāḥ /
tāny eva duḥkhāni punaḥ sukhāni '
jānāty avidvān suvimūḍha-cetāḥ // 7 //

yānaṃ kṣitau yāna-gatañ ca dehaṃ '
dehe 'pi cānyaḥ puruṣo niviṣṭaḥ /
mamatva-buddhir na tathā yathā sve '
dehe 'timātraṃ bata mūḍhataiṣā // 8 //

(Wiederholung Strophe 1)

402. Sunā jā

sunā jā, sunā jā, sunā jā kṛṣaṇa
tū gītā-vālā jñāna sunā jā kṛṣaṇa // 1 //

cidānand cidānand cidānanda hū̃
har(a) hāla mẽ almasta
saccidānanda hū̃ // 2 //

Knowledge, bliss, knowledge, bliss,
bliss, absolute,
in all conditions I am knowledge,
bliss absolute. // 3 //

ajarānand, amarānand,
acalānanda hū̃
har(a) hāla mẽ almasta
saccidānanda hū̃ // 4 //

I am without old age,
without death, without motion,
in all conditions I am knowledge,
bliss absolute. // 4a //

cidānand cidānand cidānanda hū̃
har(a) hāla mẽ almasta
saccidānanda hū̃ // 5 //

Wissen, Wonne, Wissen,
Wonne, absolute Wonne,
absolutes Wissen, Wonne
bin ich jederzeit. // 5a //

ajarānand, amarānand,
acalānanda hū̃
har(a) hāla mẽ almasta
saccidānanda hū̃ // 6 //

Jenseits von Veränderung,
Krankheit und Tod,
absolutes Wissen, Wonne
bin ich jederzeit. // 6a //

sunā jā, sunā jā, sunā jā kṛṣaṇa
tū gītā-vālā jñāna sunā jā kṛṣaṇa // 7 //

404. Nirvāṇa-ṣaṭka

Sechs Strophen zur Befreiung. Von Jagadguru Śaṅkarācārya.

mano-buddhy-ahaṅkāra-
cittāni nāhaṃ
na ca śrotra-jihve
na ca ghrāṇa-netre /

na ca vyoma bhūmir
na tejo na vāyuḥ
cidānanda-rūpaḥ
śivo 'haṃ śivo 'ham // 1 //
(sac-cidānanda-rūpa
śivo 'haṃ śivo 'ham)

Ich bin weder Denkprinzip, noch Intellekt, weder Ego noch Unterbewusstsein. Ich kann nicht gehört, noch in Worte gefasst werden, kann weder durch Sehen noch durch Geruch jemals erfasst werden. Ich bin unabhängig von den 4 Elementen Erde, Wasser, Feuer, Luft. Meine wahre Natur ist Wissen und Glückseligkeit. Ich bin Śiva. Ich bin Śiva. Meine wahre Natur ist Wissen und Glückseligkeit. Ich bin Śiva. Ich bin Śiva.

na ca prāṇa-sañjño
na vai pañca-vāyuḥ
na vā sapta-dhātur
na vā pañca-kośaḥ /

na vāk pāṇi-pādau
na copastha-pāyū
cidānanda-rūpaḥ
śivo 'haṃ śivo 'ham // 2 //

Ich bin nicht der prāna, ich atme keine Luft. Ich bestehe nicht aus den 7 Körpersäften und auch nicht aus den 5 koṣas (Hüllen, Körpern). Ich habe keine Hände, keine Füße, keinen Mund, keine Geschlechts- oder Ausscheidungsorgane. Meine wahre Natur ist Wissen und Glückseligkeit. Ich bin Śiva. Ich bin Śiva. Meine wahre Natur ist Wissen und Glückseligkeit. Ich bin Śiva. Ich bin Śiva.

na me dveṣa-rāgau
na me lobha-mohau
mado naiva me
naiva mātsarya-bhāvaḥ /

na dharmo na cārtho
na kāmo na mokṣaḥ
cidānanda-rūpaḥ
śivo 'haṃ śivo 'ham // 3 //

Ich bin jenseits von Zuneigung und Abneigung, jenseits von Verhaftung und Loslösung. Ich bin jenseits von Gier und Egoismus. Ich habe keinen Wunsch nach Gerechtigkeit, Reichtum, Vergnügen oder Befreiung. Meine wahre Natur ist Wissen und Glückseligkeit. Ich bin Śiva. Ich bin Śiva. Meine wahre Natur ist absolutes Sein, Wissen und Glückseligkeit. Ich bin Śiva. Ich bin Śiva.

na puṇyaṃ na pāpaṃ
na saukhyaṃ na duḥkhaṃ
na mantro na tīrthaṃ
na vedā na yajñāḥ /

ahaṃ bhojanaṃ
naiva bhojyaṃ na bhoktā
cidānanda-rūpaḥ
śivo 'haṃ śivo 'ham // 4 //

Ich kenne weder Verdienst noch Sünde. Ich brauche weder Mantra noch Pilgerreise, weder Schriften, noch Rituale. Ich bin weder der Sinnesgenuss, noch der Geniesser, noch das Geniessen. Meine wahre Natur ist Wissen und Glückseligkeit. Ich bin Śiva. Ich bin Śiva. Meine wahre Natur ist Wissen und Glückseligkeit. Ich bin Śiva. Ich bin Śiva.

na me mṛtyu-śaṅkā
na me jāti-bhedaḥ
pitā naiva me
naiva mātā ca janma /

na bandhur na mitraṃ
gurur naiva śiṣyaḥ
cidānanda-rūpaḥ
śivo 'haṃ śivo 'ham // 5 //

Ich habe keine Angst vor dem Tod, bin nicht verhaftet an Kaste oder Volk. Ich kenne weder Vater noch Mutter, weder Freunde noch Verwandte. Ich bin weder guru noch Schüler. Meine wahre Natur ist Wissen und Glückseligkeit. Ich bin Śiva. Ich bin Śiva. Meine wahre Natur ist Wissen und Glückseligkeit. Ich bin Śiva. Ich bin Śiva.

ahaṃ nirvikalpo
nirākāra-rūpo
vibhutvāc ca sarvatra
sarvendriyāṇām /

sadā me samatvaṃ
na muktir na bandhaḥ
cidānanda-rūpaḥ
śivo 'haṃ śivo 'ham // 6 //

Ich bin weder Körper noch Geist, ich bin nicht das Gewusste, der Wissende oder das Wissen. Ich bin nicht die Sinne. Ich bin immer gleichmütig, bin weder frei noch gebunden. Meine wahre Natur ist Wissen und Glückseligkeit. Ich bin Śiva. Ich bin Śiva. Meine wahre Natur ist Wissen und Glückseligkeit. Ich bin Śiva. Ich bin Śiva.

405. Nirvāṇa-ṣaṭka

Englische lyrische Übersetzung

I am neither ego nor reason,
I am neither mind nor thought.

I cannot be heard nor cast into
words, nor by sight,
nor smell ever caught.

In light and wind I am not found,
nor yet in earth and sky.

Consciousness and Joy incarnate,
Bliss of the Blissful am I.

I have no name, I have no life,
I breathe no vital air,
no elements have moulded me,
no bodily sheath is my lair:

I have no speech, no hands and feet,
nor means of evolution.

Consciousness and Joy am I,
and Bliss in dissolution.

I cast aside hatred and passion,
I conquered delusion and greed.

No touch of pride caressed me,
so envy never did breed,
Beyond all faiths, past reach of
wealth, past freedom, past desire.

Consciousness and Joy am I,
and Bliss is my attire.

Virtue and vice, or pleasure
and pain are not my heritage,

nor sacred texts, nor offerings,
nor prayer, nor pilgrimage:

I am neither food nor eating,
nor yet the eater am I.

Consciousness and Joy incarnate,
Bliss of the Blissful am I.

I have no misgiving of death,
no chasms of race divide me.

No parent ever called me child,
no bond of birth ever tied me.

I am neither disciple nor master,
I have no kin, no friend.

Consciousness and Joy am I,
and merging in Bliss is my end.

Neither knowable, knowledge,
nor knower am I,
formless is my form,
I dwell within the senses,
but they are not my home:

Ever serenely balanced,
I am neither free nor bound.

Consciousness and Joy am I,
and Bliss is where I am found.

406. Satyaṃ śivaṃ sundaram

satyaṃ śivaṃ sundaram
ananta-brahma saccidānandam

Eindrucksvolle Śiva-mūrti im Yoga Vidya Ashram, Bad Meinberg.

407. Oṅkāram

oṅkāraṃ bindu-saṃyuktaṃ '
nityaṃ dhyāyanti yoginaḥ /

kāmadaṃ mokṣadaṃ caiva '
oṅkārāya namo namaḥ // 1 //

LIEDER IN ANDEREN SPRACHEN

500. Laudate omnes gentes

(Taizé, Lied für Völkerverständigung)

Laudate omnes gentes,
laudate Dominum.
Laudate omnes gentes,
laudate Dominum.

501. Jubilate Deo

(Taizé)

Jubilate Deo omnes terrae
Servite Domino in laetitia

502. Lobet und preiset den Herrn

(Volksweise)

Lobet und preiset ihr Völker
den Herrn,
freuet euch Seiner
und dienet ihm gern.
All ihr Völker lobet den Herrn.

503. Halleluja

(Taizé)

Halleluja Halleluja
Halleluja Halleluja
Halleluja Halleluja
Halleluja Halleluja

504. Wechselnde Pfade

(Baltischer Hausspruch)

Wechselnde Pfade,
Schatten und Licht,
alles ist Gnade,
fürchte dich nicht.
Wechselnde Tage,
Freude und Leid,
alles ist Leben,
nehme es an.

505. Schalom

(Aus dem Hebräischen)

Schalom chaverim,
schalom chaverim!
Schalom, schalom!

Le hitraot, le hitraot,
schalom, schalom!

506. Hevenu schalom alächem

(Israelisches Volkslied)

Hevenu schalom alächem. (3×)
Hevenu schalom, schalom,
schalom, alächem.

Wir bringen Frieden für alle,
wir bringen Frieden für alle,
wir bringen Frieden für alle,
wir bringen Frieden, Frieden,
Frieden für die Welt.

Wir bringen Freude für alle ...

Wir bringen Hilfe für alle ...

Hevenu schalom alächem. (3×)
Hevenu schalom, schalom,
schalom, alächem.

507. Adonai

Adonai Adonai o Gott von Israel.
Rechts von mir Michael,
links von mir Gabriel
und vor mir Uriel,
hinter mir Rafael
und über meinem Haupte
die Shekina.

508. Vom Aufgang der Sonne

(Psalm 113,3 ; Kanon: Paul Ernst Ruppel 1938)

Vom Aufgang der Sonne
bis zu ihrem Niedergang

Sei gelobet der Name des Herrn,
sei gelobet der Name des Herrn!

Quand nait la lumière
Quand s'éteint le feu du jour
Célébrons par nos chants
le Seigneur,
Célébrons par nos chants
le Seigneur!

509. Kyrie eleison

(Teil der Eröffnung christl. Gottesdienste)

Kyrie eleison
Kyrie eleison
Kyrie eleison

510. Dans nos obscurités

(Taizé, Jacques Berthier)

Dans nos obscurités,
allume le feu,
qui ne s'éteint jamais.

511. Geh aus, mein Herz

(Paul Gerhardt, Dichter und luth. Pfarrer)

Geh aus, mein Herz,
und suche Freud,
in dieser lieben Sommerzeit
an deines Gottes Gaben;

schau an der schönen Gärten Zier,
und siehe, wie sie mir und dir
sich ausgeschmücket haben,
sich ausgeschmücket haben.

Die Bäume stehen voller Laub,
das Erdreich decket seinen Staub
mit einem grünen Kleide.

Narzissus und die Tullipan,
die ziehen sich viel schöner an
als Salomonis Seide.

Die Lerche schwingt sich in die Luft,
das Täublein fliegt
aus seiner Kluft,
und macht sich in die Wälder;
die hochbegabte Nachtigall
ergötzt und füllt mit ihrem Schall
Berg, Hügel, Tal und Felder.

Der Weizen wächset mit Gewalt,
darüber jauchzet jung und alt
und rühmt die große Güte des,
der so überfließend labt
und mit so manchem Gut begabt
das menschliche Gemüte.

Ich selber kann und mag nicht ruhn,
des großen Gottes großes Tun
erweckt mir alle Sinne;

ich singe mit, wenn alles singt,
und lasse, was dem Höchsten klingt,
aus meinem Herzen rinnen
aus meinem Herzen rinnen.

512. Von guten Mächten

(Dietrich Bonhoeffer, lutherischer Theologe)

Von guten Mächten treu
und still umgeben,
behütet und getröstet wunderbar,
so will ich diese Tage
mit euch leben
und mit euch gehen
in ein neues Jahr.

Von guten Mächten
wunderbar geborgen,
erwarten wir getrost
was kommen mag.

Gott ist mit uns am Abend
und am Morgen
und ganz gewiss an jedem
neuen Tag.

513. Nada te turbe

(Santa Teresa de Ávila 1515-1582)

Nada te turbe
nada te espante
Todo se pasa
Dios no se muda
la paciencia
todo lo alcanza
Quien a Dios tiene
nada le falta
Sólo Dios basta

514. Heavenly Father

Heavenly Father,
let us adore Thee,
Heaven and earth
are full of Thy glory;

All of creation repeats Thy Name,
Hallelu, Hallelu, Halleluya.
Heavenly Mother of power
and beauty,
To love and to serve Thee
is our blessed duty.
All of creation obeys Thy name,
Hallelu, Hallelu, Halleluya.
Heavenly Master of wisdom
and kindness,
rescue Thy children from
darkness and blindness.
All of creation will follow
Thy Name,
Hallelu, Hallelu, Halleluya.
Brothers and sisters in Love
come together,
with strength of the spirit
no sorrow can sever.
All of creation is our eternal home,
Hallelu, Hallelu, Halleluya.

515. Return Again

(Shaina Noll)

Return again, return again.
Return to the land of your soul.

Return to who you are.
Return to what you are.

Return to where you are.
Born and reborn again.

516. We All Come from God

We all come from God.
And unto God we return.
Like a stream flowing to the ocean.
Like a ray of light returning
to the sun.

517. One Fine Morning

(African-American Spiritual)

One fine morning,
when my work is over,
gonna fly away home.
Fly away home to my soul,
fly away home.

518. Rejoice in the Lord Always

(Philipper 4,4)

Rejoice in the Lord always!
And again I say rejoice!
Rejoice! Rejoice!
And again I say Rejoice!

519. Smile with the Flowers

Smile with the flowers
and sing with the birds,
let the Lord bring you
a song without words.

Talk with the rainbow,
the wind and the sun,
God is Love, God is Love,
man and nature are one.

Laugh with the laughing brook,
dance with the sea,
the ocean of love
longs to fill you and me;

Open your heart,
let it flood through your soul;
God is Love, God is Love,
we are part of the whole.

Joy is my birthright
and bliss is my name,
the light of the Lord alone
kindles the flame;

Dive deep within,
find the silence and peace,
God is Love, God is Love,
may His Grace never cease.

520. Take My Life

(Frances Haverga)

Take my life and let it be,
consecrated Lord to Thee.

Take my hands
and let them move,
at the impulse of Thy love.

Take my feet and let them be,
swift and beautiful for Thee.

Take my moment and my day,
let them flow in ceaseless strain.

Take my silver and my gold,
not a mite shall I withhold.

Take my mouth and let it be,
filled with messages from Thee.

Take my voice and let it sing,
always only for my King.

Take my intellect and use,
any power Thou shalt choose.

Take my will and make it Thine,
it shall be no longer mine.

Take my heart it is Thy own,
it shall be Thy royal throne.

Take my love, my Lord I pour,
at Thy feet its treasure store.

Take myself and I will be,
ever only all for Thee.

Śrī Rām Jaya Rām
Jaya Jaya Rām Om
Śrī Rām Jaya Rām
Jaya Jaya Rām

521. Kumbaya My Lord

(African-American Spiritual)

Kumbaya my Lord Kumbaya (2×)
Someone's singing, my Lord,
Kumbaya

... praying ... crying ... laughing

522. Kumbalassi

(Afrikanisches Lied)

Kumbalassi Kumbalassi
Wenduja baneega
Kumbalassi Kumbalassi

523. Hey Yaka

(Schamanisches Lied)

Hey Yaka, Ho yaka,
hey yang yang yang.

Hey Yaka, Ho yaka,
hey yang yang yang.

Ich liebe diese Erde,
zu der ich wieder werde.
Ich atme die Luft,
die ich zum Leben brauch'.

Hey Yaka, Ho yaka,
hey yang yang yang.

Hey Yaka, Ho yaka,
hey yang yang yang.

Ich liebe diese Erde,
zu der ich wieder werde
Ihr Brot und ihr Wasser
füllt mir meinen Bauch.

524. Erde mein Körper

Erde mein Körper,
Wasser mein Blut,
Luft mein Atem und
Feuer meine Seele.

525. Most Blessed Mother

O Blessed Mother,
my heart is on fire.
To love and to serve Thee
is my only desire.

Ave ave ave Maria,
Ave ave ave Maria

O Blessed Master,
my heart is on fire.
To love and to serve Thee
is my only desire.

Shiva Shiva Sivananda Gurudev
Shiva Shiva Sivananda Gurudev.

(O Blessed Swami,
my heart is on fire.
To love and to serve Thee
is my only desire.

Buddha Buddha Śākyamuni …)

526. Door of My Heart

(Paramahamsa Yogananda)

Door of my heart,
open wide I keep for thee.
Wilt thou come? Wilt thou come?
Just this once come to me.

Will my days fly away
without seeing thee my Lord?
Night and day, night and day,
I search for thee night and day.

Meines Herzens Tür,
offen halte ich sie Dir.
Kommst Du wohl,
kommst Du wohl?
Ach nur einmal komm' zu mir!

Wird entschwinden mir die Zeit,
ohne dass ich schau' Dich, Herr?
Tag und Nacht, Tag und Nacht,
ich erwart' Dich Tag und Nacht.

527. We Are One in the Spirit

(Peter Scholtes – Variation)

We are One in the Spirit.
We are One in the Lord. (2×)

And we pray that all unity
may one day be restored.

And they'll know we are God's
Children by our love, by our love.

Yes, they'll know we are God's
Children by our love.

528. Amazing Grace

(John Henry Newton, Jr.)

Amazing Grace!
How sweet the sound
That saved a wretch like me!
I once was lost,
but now am found,
was blind, but now I see.

'Twas Grace that taught
my heart to fear,
and Grace my fears relieved.
How precious did
that Grace appear,
the hour I first believed!

Through many dangers,
toils and snares
I have already come.
'Tis Grace that brought me
safe thus far.
And Grace will lead me home.

The Lord has promised
good to me.
His word my hope secures.
He will my shield and portion be,
as long as life endures.

Yea, when this flesh
and heart shall fail,
And mortal life shall cease,
I shall possess, within the veil
a life of joy and peace.

529. Sing Thee the Name

Sing thee the Name of the Lord.
Praise, praise the Name of the Lord.

Hallelu Hallelu Halleluya

Oṃ namo bhagavate śivānandāya

sadgurunāthāyanamah śivāya

hare rāma ... hare kṛṣṇa ...

Lobsingt die Namen des Herrn.
Chantez la gloire de Dieu.

530. Shma Yisrael

(Jüdisches Gebet)

Shma Yisrael
Adonai Eloheinu
Adonai Ehad

531. We Are Walking in the Light

(christliches Lied, ursprünglich afrikanisch)

We are walking in the light,
in the light in the light,

We are walking in the light,
in the light of God.

In the light (7×) ... of God.

Wir wandern in dem Licht ...
von Gott.

Nous marchons dans la lumiere ...
de Dieu.

Caminandos en la lux ... de Dios.
Caminiamo nella luce ... di Dio.

Bo Nel-cha Ba-Zohar.
Ba-Zohar Ba-Zohar.

Bo Nel-cha Ba-Zohar.
Bezohar Hashem.

532. Bleibet hier

(Taizé; aus Markus 14, 34)

Bleibet hier und wachet mit mir.
Wachet und betet, wachet und betet.

Stay with me, remain here with me.
Watch and pray, watch and pray.

Restez ici et veillez avec moi.
Veillez et priez, veillez et priez.

Restate qui e vegliate con me.
Vegliate e pregate, vegliate e pregate.

Permanece junto de Mim.
Ora e vigia, ora e vigia.

533. In dunkler Nacht

(Taizé, Jacques Berthier)

In dunkler Nacht woll'n wir ziehen,
lebendiges Wasser finden.
Nur unser Durst wird uns leiten.
Leuchten wird nur unser Durst.

By night we hasten in darkness
to search for living water.
Only our thirst leads us onward.
Only our thirst leads us onward.

De nuit nous irons dans l'ombre.
Car pour découvrir la source.
Seule la soif nous éclaire.
Seule la soif nous éclaire.

De noche iremos de noche.
Que para encontrar la fuente.
Solo la sed nos al umbra.
Solo la sed nos alumbra.

534. Gib Frieden

(Taizé)

Gib den Frieden des Herzens
Gib den Frieden des Herzens
Gib Frieden, gib Frieden

Give peace to our hearts
Give peace

Donne la paix du cœur
Donne la paix

Da pacem cordium
Da pacem cordium pacem

Dona la pace del cuore
Dona la pace

535. Preise den Herrn

(Taizé, Psalm 103,1–4)

Preise den Herrn meine Seele,
und preise Seinen heiligen Namen!
Er führt mich in das Leben.

Bless the Lord my soul
and bless God's Holy Name.
Bless the Lord my soul
Who leads me into life.

Bénis le Seigneur, mon âme.
Bénis Son Saint nom.
Il me conduit à la vie.

Anima mia benedici il Signore.
Benedici il suo Santo Nome.
Egli mi conduce alla vita.

536. Danke

(Kirchenlied, Martin Gotthard Schneider)

Danke für diesen guten Morgen,
danke für jeden neuen Tag.
Danke, dass ich all meine Sorgen
auf Dich werfen mag.

Danke für alle guten Freunde,
danke, o Herr, für jedermann.
Danke, wenn auch dem größten
Feinde ich verzeihen kann.

Danke für meine Arbeitsstelle,
danke für jedes kleine Glück.
Danke für alles Frohe, Helle
und für die Musik.

Danke für manche Traurigkeiten,
danke für jedes gute Wort.
Danke, dass Deine Hand mich leiten
will an jedem Ort.

Danke, dass ich Dein Wort verstehe,
danke, dass Deinen Geist Du gibst.
Danke, dass in der Fern und Nähe
Du die Menschen liebst.

Danke, Dein Heil kennt keine
Schranken,
danke, ich halt mich fest daran.
Danke, ach Herr,
ich will dir danken,
dass ich danken kann.

537. ′Tis a Gift

(Shaker-Song)

′Tis a gift to be simple,
′tis a gift to be free.
′Tis a gift to be where
we ought to be.

And when we find ourselves
in a place just right,
′twill be in the valley
of love and delight.

When true simplicity is gained,
To bow and to bend we will not
be ashamed.

To turn, to turn will be our delight,
Till by turning and turning we
come round right.

538. From Joy I Came

(Paramahamsa Yogananda)

From joy I came.
For joy I live.
In blissful joy I melt again.

539. We All Come from the Sun God

(Pagan Folk Song)

We all come from the Sun God.
And to Him we shall return.
Like a ray of light
rising to the heavens.

We all come from Goddess.
And to Her we shall return.
Like a drop of rain flowing
to the ocean.

540. O Great Spirit

O great Spirit
Earth, sun, sky and sea –
You are inside and all around me

541. We Are One

We are one in the infinte sun
Forever and ever and ever
Guate lenyo lenyo maute
Iano iano iano

542. I'm One with the Love

(Michael Stillwater, Variation)

I'm one with the love of the mother.
I'm one with the love of God.
I'm one with the love of the father.
I'm one with the love of God.
Ave Maria …
Kyrie Eleison …

543. Mother I Feel You

Mother I feel you under my feet
Mother I hear your heart beat
Heja heja heja heja heja hejo
Heja heja heja heja heja ho-o-o-o

544. Lā ilāha illā ʾllāh

(aus dem Koran)

Lā ilāha illā ʾllāh

545. We Are a Wheel

We are a wheel, a circle of live.
We are a wheel, a circle of power.
We are a wheel, a circle of light.
Circling the world this sacred hour.

546. White Cloud up in the Sky

White cloud up in the sky
sails so high, so high.
White cloud deep in the blue
are you a dream or true?
Take my heart, take it away,
let it always fly, let it always fly.
White cloud up in the sky
sails so high so high.
White cloud deep in the blue
are you a dream or true?
Be my boat, bring me home.
Bring me to the sun, to the only One.

547. Guru Wahe

(Anrufung des 4. guru der Sikh-Tradition)

Guru Guru Wahe Guru
Guru Ram-Das Guru

548. Tayatha om bekandze

Tayatha om, bekandze, bekandze,
maha bekandze
radza samudgate soha

Mantra des Medizin-Buddha.

Nach der Lehre des Mahayana heilt er alle Krankheiten, auch die der Unwissenheit.

549. Oṃ maṇi padme hūm

Oṃ maṇi padme hūm

Mantra des Avalokiteshvara, Buddha des Mitgefühls. Sein ursprünglicher Name war „Maṇipadme" = „Juwelen-Lotos". Die Bedeutung des „Hūm" liegt, ebenso wie diejenige von „Om", nicht in einem bestimmten Wortsinn, sondern im Klang.

550. Praises to Tārā

Om Tāre Tuttāre Ture Sohā

Mantra der Göttin Tārā.

Die grüne Tārā verkörpert das aktive Mitgefühl aller Buddhas. Obwohl sie auch weltliche Wünsche erfüllen soll, besteht ihr eigentliches Anliegen darin, die Praktizierenden zur Erleuchtung zu führen. Im übertragenen Sinne entspricht sie dem Lakṣmī-Prinzip.

551. How I Wish to Tell You

(Shaina Noll, Variation)

How I wish to tell you
that you're absolutely beautiful.

Your eyes tell a secret
that heart alone can hold.

How could anyone fail to notice
that your eyes are like a miracle.

The truth that you have shown me
is finer than gold.

552. Ad Gurenamay

(aus der Sikh-Tradition)

Ad Gurenamay
Jagad Gurenamay
Sat Gurenamay
Siri Guru devay Namay

553. Ach wie flüchtig

(Michael Franck 1652, Johann Crüger 1661)

Ach wie flüchtig, ach wie nichtig
ist der Menschen Leben!
Wie ein Nebel bald entstehet
und auch wieder bald vergehet,
so ist unser Leben, sehet!

Ach wie nichtig, ach wie flüchtig
sind der Menschen Tage!
Wie ein Strom beginnt zu rinnen
und mit Laufen nicht hält innen,
so führt unsre Zeit von hinnen.

Ach wie flüchtig, ach wie nichtig
ist der Menschen Freude!
Wie sich wechseln Stund

und Zeiten, Licht und Dunkel,
Fried und Streiten,
so sind unsre Fröhlichkeiten.

Ach wie nichtig, ach wie flüchtig
ist der Menschen Schöne!
Wie ein Blümlein bald vergehet,
wenn ein raues Lüftlein wehet,
so ist unsre Schöne, sehet!

Ach wie flüchtig, ach wie nichtig
ist der Menschen Glücke!
Wie sich eine Kugel drehet,
die bald da, bald dorten stehet,
so ist unser Glücke, sehet!

Ach wie nichtig, ach wie flüchtig
sind der Menschen Schätze!
Es kann Glut und Flut entstehen,
dadurch, eh wir uns versehen,
alles muss zu Trümmern gehen.

Ach wie nichtig, ach wie flüchtig
sind der Menschen Sachen!
Alles, alles was wir sehen,
das muss fallen und vergehen.
Wer Gott liebt, wird ewig stehen.

554. Om śānti śānti om

om śānti śānti om
om śānti śānti om
om śrī sacce mahāprabhū kī
jay ho, jay ho
paramātmā kī jay

555. Om namo bhagavate bhaishjaye

(buddh. Medizin-Guru Dharani)

Oṃ namo bhagavate
bhaiṣajya-guru-
vaiḍūrya-prabha-rājāya
tathāgatāya arhate
saṃyak-sambuddhāya tadyathā:
oṃ bhaiṣajye bhaiṣajye
(mahā) bhaiṣajya (bhaiṣajyarājāya)
samudgate svāhā

556. Let It Grow

(Eric Clapton)

Standing at the crossroads
trying to read the signs
to tell me which way I should go

to find the answer and all the
time I know.
Plant your love and let it grow.

Chorus:

Let it grow, let it grow,
let it blossom let it flow.
In the sun, the rain, the snow,
love is lovely – let it grow.

Looking for a reason to check
out of my mind,
trying hard to get a friend
that I can count on,
but there's nothing left to show.
Plant your love and let it grow.

Chorus:

Let it grow, let it grow,
let it blossom let it flow.

In the sun, the rain, the snow,
love is lovely – let it grow.

Time is getting shorter,
there's much for you to do,
only ask and you will get what
you are needing,
the rest is up to you.
Plant your love and let it grow

Chorus:

Let it grow, let it grow,
let it blossom let it flow.
In the sun, the rain, the snow,
love is lovely – let it grow.

557. We All Come from Goddess

(Zsuzsanna Budapest)

We all come from the Goddess
and to her we shall return.

Like a drop of rain
flowing to the ocean.

558. Evening Rise

(Indianisches Lied)

Evening rise, spirit come,
sun goes down
when the day is done.

Mother Earth awakens me
with the heartbeat of the sea.

559. Ich habe Freude in meinem Herzen

Ich habe Freude in meinem
Herzen, jede Stunde jeden Tag.

Freude, die die Welt
nicht geben kann,
Freude, die die Welt
nicht nehmen kann.

Ich habe Freude in meinem
Herzen, jede Stunde jeden Tag.

Ich habe Frieden in meinem
Herzen, jede Stunde, jeden Tag.

Frieden, den die Welt
nicht geben kann,
Frieden, den die Welt
nicht nehmen kann.

Ich habe Frieden in meinem
Herzen, jede Stunde, jeden Tag.

Ich habe Wahrheit in meinem
Herzen, jede Stunde, jeden Tag.

Wahrheit, die die Welt
nicht geben kann,
Wahrheit, die die Welt
nicht nehmen kann.

Ich habe Wahrheit in meinem
Herzen, jede Stunde, jeden Tag.

560. The River Is Flowing

(Indianisches Lied)

The River is flowing
Flowing and growing
The River is flowing
Back to the Sea

Mother Earth carry me
Your child I will always be
Mother Earth carry me
Back to the Sea

561. May the Love We Share

May the love we share
here spread it´s wings,
fly across the earth
and bring our joy
to every soul that is alive.

May the blessings of the universe
shine on every one,
so that we all see God´s Light
Light within.

Lokāḥ Samastāḥ
Sukhino Bhavantu

May all the beings
in all the worlds be happy.

Salam Aleikum
Aleikum A Salam
Salam Aleikum
Aleikum A Salam
Salam Aleikum

562. Oṃ saccidānanda-parabrahma

oṃ saccidānanda-parabrahma-
puruṣottama-paramātma-
śrī-bhagavatī-sameta-
śrī-bhagavate namaḥ
(hariḥ oṃ tat sat, hariḥ oṃ tat sat
hariḥ oṃ tat sat, hariḥ oṃ tat sat)

563. O Lord Hear My Prayer

O Lord hear my prayer,
o Lord hear my prayer,
when I call answer me.

O Lord hear my prayer,
o Lord hear my prayer,
come and listen to me.

564. Gate gate

Gate gate pāragate
pārasaṅgate bodhi svāhā

„Gegangen, gegangen, über alles hinausgegangen, über alle Begriffe hinaus."

(Das buddh. Herz-Sutra wird auch als knappste Zusammenfassung der Prajñāpāramitā-Literatur betrachtet, einer sechshundertbändigen Bearbeitung der Lehre Buddhas.)

„Glaube bringt Gnade mit sich. Gnade manifestiert sich als Erfahrung der Gegenwart Gottes. Die Rettung durch Gott verstärkt wiederum den Glauben. Somit steigen die Verehrer Gottes die spirituelle Leiter empor, bis die Allgegenwärtigkeit, die Allmächtigkeit und die Allwissenheit Gottes erfahrbar werden.“ —*Swami Sivananda*

MANTRAS ZUR REZITATION

600. Lokāḥ samastāḥ

lokāḥ samastāḥ
sukhino bhavantu (3x)

Mögen alle Wesen Glück und Harmonie erreichen.

601. Śaraṇāgata

om śaraṇāgata-dīnārta-
paritrāṇa-parāyaṇe /
sarvasyārti-hare devi
nārāyaṇi namo 'stu te //

Ehrerbietung der Göttin Nārāyaṇī, welche die Verzweifelten und in Not Geratenen, die bei ihr Zuflucht suchen, rettet. Gegrüsset seist Du, o devī, die Du die Leiden Deiner Verehrer beseitigst.

602. Guru-paramparā

nārāyaṇaṃ padma-bhavaṃ
vasiṣṭhaṃ '
śaktiṃ ca tat-putra-parāśaraṃ ca /
vyāsaṃ śukaṃ
gauḍa-padaṃ mahāntaṃ '
govinda-yogīndram
athāsya śiṣyam // 1 //

śrī-śaṅkarācāryam athāsya
padma - pādaṃ ca
hastāmalakaṃ ca śiṣyam /
taṃ troṭakaṃ vārttikakāram anyān '
asmad-gurūn
santatam ānato 'smi // 2 //

śruti-smṛti-purāṇānām '
ālayaṃ karuṇālayam /
namāmi bhagavatpādaṃ '
śaṅkaraṃ loka-śaṅkaram // 3 //

śaṅkaraṃ śaṅkarācāryaṃ '
keśavaṃ bādarāyaṇam /
sūtra-bhāṣya-kṛtau vande '
bhagavantau punaḥ punaḥ // 4 //

īśvaro gurur ātmeti '
mūrti-bheda-vibhāgine /
vyomavad-vyāpta-dehāya '
(śrī)-dakṣiṇāmūrtaye namaḥ // 5 //

śrī śivānandāya te namaḥ // 6 //

603. Dhyāna-ślokas – Gajānanam

Zu Beginn einer Yogastunde, Lesung oder eines Vortrags usw. können die *dhyāna-ślokas* gesungen werden. Sie helfen uns, unseren Geist auf Gott in seinen verschiedenen Aspekten sowie auf den spirituellen Lehrer einzustellen.

Auch vor der Ausführung unser eigenen spirituellen Praktiken sowie weltlicher Aktivitäten können wir sie singen. In allem *sādhana* (spirituelle Praxis) benötigen wir göttliche Führung. Mit den *dhyāna-ślokas* können wir alles Gott widmen und alle unsere Tätigkeiten spiritualisieren.

Das *Gajānanam* bzw. die *dhyāna-ślokas* folgen nahezu der gleichen Sequenz wie das *Jaya Gaṇeśa*: Zuerst rufen wir Gaṇeśa an, um alle Hindernisse zu beseitigen, dann Subrahmaṇya, um Stärke zu erhalten und alle (inneren und äusseren) negativen Kräfte zu zerstören. Als nächstes folgt

Sarasvatī, um uns göttliches Wissen zu geben. Dann bitten wir den Lehrer (*guru*), uns immer zu führen. Wir rufen die göttliche Mutter Durgā Narāyaṇī an, um ihren Segen für all unsere Unternehmungen zu erhalten.

om om om

gajānanaṃ bhūta-gaṇādi-sevitaṃ
kapittha-jambū-phala-sāra-bhakṣitam /
umā-sutaṃ śoka-vināśa-kāraṇaṃ
namāmi vighneśvara-pāda-paṅkajam // 1 //

Ich verneige mich zu den Lotosfüßen Gaṇeśas, der alle Hindernisse beseitigt. Er ist der Sohn von Umā, vernichtet alle Sorgen, hat eine Dienerschar von bhūtas und gaṇas. Er hat einen Elefantenkopf und liebt die Kapittha- und Jambū-Früchte.

ṣaḍ-ānanaṃ kuṅkuma-rakta-varṇaṃ
mahāmatiṃ divya-mayūra vāhanam /
rudrasya sūnuṃ sura-sainya-nāthaṃ
guhaṃ sadāhaṃ
śaraṇaṃ prapadye // 2 //

Ich suche Zuflucht in Śaravaṇabhava, Guha, der sechs Gesichter hat und von tiefroter Farbe ist. Er besitzt großes Wissen, reitet auf einem Pfau, ist der Sohn Śivas (Rudras) und der Heerführer der devas (Götter).

yā kundendu-tuṣāra-hāra-dhavalā
yā śubhra-vastrāvṛtā
yā vīṇā-vara-daṇḍa-maṇḍita-karā
yā śveta-padmāsanā /
yā brahmācyuta-śaṅkara-prabhṛtibhir devaiḥ sadā pūjitā
sā māṃ pātu sarasvatī bhagavatī
niḥśeṣa-jāḍyāpahā // 3 //

Möge die Göttin Sarasvatī mich beschützen. Sie trägt eine Girlande, weiss wie die Kunda-Blume, wie der Schnee und der Mond. Sie trägt weisse Kleider, spielt die vīṇā und segnet uns. Sie sitzt auf einem weissen Lotos und wird ständig von Brahmā, Viṣṇu und Śiva verehrt. Sie beseitigt alle Trägheit und Faulheit.

om

namaḥ śivāya gurave
saccidānanda-mūrtaye /
niṣprapañcāya śāntāya
(śrī)-śivānandāya te namaḥ // 4 //
[(śrī)-śankarācāryāya te namaḥ]

Verehrung dem guru Śiva, der sich in Swami Sivananda manifestiert. Er ist die Verkörperung von absolutem Sein, Wissen und Glückseligkeit. In ihm existiert keine Weltlichkeit, und er ist immer friedvoll. Verehrung unserem Meister Swami Sivananda.

om

sarva-maṅgala-māṅgalye
śive sarvārtha-sādhike /
śaraṇye tryambake gauri
nārāyaṇi namo 'stu te // 5 //
[nārāyaṇi namo 'stu te]

(Devīmāhātmya 11.10)
Verehrung der Mutter Nārāyaṇī. Sie bringt

Glück und erfüllt alle Wünsche des Suchers (sowohl materielle als auch spirituelle).

604. Kṛṣṇa kṛṣṇa mahāyogin

kṛṣṇa kṛṣṇa mahāyogin '
bhaktānām abhayaṅkara /
govinda paramānanda '
sarvaṃ me vaśam ānaya //

Kṛṣṇa, o großer yogī, Du nimmst die Furcht von Deinen Verehrern. O Govinda, höchste Wonne, gib, dass ich den Dingen nicht hilflos ausgeliefert bin. (Mantra für Erfolg und gegen negative Einflüsse)

605. Oṃ hrīṃ śrīṃ klīṃ

oṃ hrīṃ śrīṃ klīṃ
kṛṣṇāya govindāya,
gopī-jana-vallabhāya svāhā

606. Oṃ namo nārāyaṇāya

oṃ namo nārāyaṇāya
dāso 'haṃ tava keśava

607. Mahāvidyā-gāyatrī

om aiṃ tripurādevyai ca vidmahe
klīṃ kāmeśvaryai ca dhīmahi
sauḥ tan naḥ klinne pracodayāt

608. Om aiṃ hrīṃ klīm

om aiṃ hrīṃ klīṃ
cāmuṇḍāyai vicce namaḥ

Dies ist der śakti-mantra. „Aim" ist der bīja-mantra von Sarasvatī. „Hrīm" ist der bīja-mantra von Durgā, „klīm" der bīja-mantra von Lakṣmī. „Cāmuṇḍā" ist ein Name von Kālī.

609. Śrī-rāma rāma rāmeti

śrī-rāma rāma rāmeti '
rame rāme mano-rame /
sahasra-nāma tat tulyaṃ '
rāma-nāma varānane //

Mantra zur Umwandlung von weltlicher in spirituelle Energie, zur Wiedergewinnung von in selbstlosem Dienst und viel Reden ausgegebener Energie und zur Wiedergewinnung von Inspiration und Freude.

610. Gāyatrī-mantra

oṃ bhūr bhuvaḥ svaḥ
tat savitur vareṇyaṃ '
bhargo devasya dhīmahi /
dhiyo yo naḥ pracodayāt //

Lasst uns meditieren über das verehrungswürdige göttliche strahlende Licht, welches die physische, astrale und kausale Welt geschaffen hat. Möge es unser Verständnis erleuchten.

611. Dhanvantari-Gebet

śaṅkhaṃ cakraṃ jalaukāṃ
dadhad-amṛta-ghaṭaṃ
cāru-dorbhiś caturbhiḥ
sūkṣma-svacchāti-hṛdyāṃśuka-
parivilasan
-maulim ambhoja-netram /

kālāmbhodojjvalāṅgaṃ
kaṭi-taṭa-vilasac
-cāru-pītāṃbarāḍhyaṃ
vande dhanvantariṃ taṃ
nikhila-gada-vana
-prauḍha-dāvāgni-līlam //

Mantra des Dhanvantari, der von āyurveda-Ärzten vor Beginn einer Therapie rezitiert wird.

612. Oṃ gaṃ gaṇa-pataye

oṃ gaṃ gaṇapataye namaḥ
oṃ śara-vaṇa-bhavāya namaḥ
om aiṃ sarasvatyai namaḥ
oṃ guṃ gurubhyo namaḥ
oṃ namo bhagavate śivānandāya
om ādi-śaktyai namaḥ

613. Gaṇeśa-gāyatrī

om, tat-puruṣāya vidmahe '
vakra-tuṇḍāya dhīmahi /
tan no dantiḥ pracodayāt //

614. Hanumad-gāyatrī

om āñjaneyāya vidmahe '
vāyu-putrāya dhīmahi /
tan no hanumān pracodayāt //

615. Weitere Gāyatrī-mantras (alphabetische Reihenfolge)

615.1 Durgā:

om, kātyāyanyai (ca) vidmahe '
kanyā-kumāryai dhīmahi /
tan no durgā pracodayāt // 1 //

615.2 Guru:

om, gurudevāya vidmahe '
parabrahmaṇe dhīmahi /
tan no guruḥ pracodayāt // 4 //

615.3 Kālikā:

om, kālikāyai ca vidmahe '
śmaśāna-vāsinyai dhīmahi /
tan no 'ghorā pracodayāt // 6 //

615.4 Kārttikeya / Śaravaṇabhava / Skanda:

om, tat-puruṣāya vidmahe /
mahāsenāya dhīmahi /
tan naḥ skandaḥ pracodayāt // 7 //

615.5 Kṛṣṇa:

om, devakī-nandanāya vidmahe '
vāsudevāya dhīmahi /
tan naḥ kṛṣṇa pracodayāt // 8 //

615.6 Lakṣmī:

om, mahādevyai ca vidmahe '
viṣṇu-patnyai ca dhīmahi /
tan no lakṣmīḥ pracodayāt //9 //

615.7 Nārāyaṇa / Viṣṇu:

om, nārāyaṇāya vidmahe '
vāsudevāya dhīmahi /
tan no viṣṇuḥ pracodayāt // 10 //

615.8 Rāma:

om, dāśarathāya vidmahe '
sītā-vallabhāya dhīmahi /
tan no rāmaḥ pracodayāt // 11 //

615.9 Rudra / Śiva:

om, tat-puruṣāya vidmahe '
mahādevāya dhīmahi /
tan no rudraḥ pracodayāt // 12 //

615.10 Sarasvatī:

om, vāg-īśvaryai ca vidmahe '
sarasvatyai ca dhīmahi /
tan no sarasvatī pracodayāt // 13 //

615.11 Tripurā (Mahāvidyā-mantra):

om aiṃ tripurādevyai ca vidmahe '
klīṃ kāmeśvaryai ca dhīmahi
sauḥ tan naḥ klinne pracodayāt // 15 //

616. Gītā-dhyānam

om

pārthāya pratibodhitāṃ bhagavatā
nārāyaṇena svayaṃ
vyāsena grathitāṃ purāṇa-muninā
madhye mahābhāratam /
advaitāmṛta-varṣiṇīṃ bhagavatīm
aṣṭādaśādhyāyinīm
amba tvām anusandadhāmi
bhagavad-gīte bhava-dveṣiṇīm // 1 //

namo'stu te vyāsa viśāla-buddhe
phulāravindāyata-patra-netra /
yena tvayā bhārata-taila-pūrṇaḥ
prajvālito jñāna-mayaḥ pradīpaḥ // 2 //

prapanna-pārijātāya '
totra-vetraika-pāṇaye /
jñāna-mudrāya kṛṣṇāya '
gītāmṛta-duhe namaḥ // 3 //

sarvopaniṣado gāvo '
dogdhā gopāla-nandanaḥ /
pārtho vatsaḥ sudhīr bhoktā '
dugdhaṃ gītāmṛtaṃ mahat // 4 //

vasudeva-sutaṃ devaṃ '
kaṃsa-cāṇūra-mardanam /
devakī-paramānandaṃ '
kṛṣṇaṃ vande jagadguruṃ // 5 //

bhīṣma-droṇa-taṭā jayadratha-jalā
gāndhāra-nīlotpalā
śalya-grāhavatī kṛpeṇa vahanī
karṇena velākulā /
aśvatthāma-vikarṇa-ghora-makarā
duryodhanāvartinī
sottīrṇā khalu pāṇḍavai raṇa-nadī
kaivartakaḥ keśavaḥ // 6 //

pārāśarya-vacaḥ sarojam amalaṃ
gītārtha-gandhotkaṭam
nānākhyānaka-kesaraṃ harikathā-
saṃbodhanābodhitam /
loke sajjana-ṣaṭpadair aharahaḥ
pepīyamānaṃ mudā
bhūyād bhārata-paṅkajaṃ kali-mala-
pradhvaṃsinaḥ śreyase // 7 //

mūkaṃ karoti vācālaṃ
paṅguṃ laṅghayate girim /
yat-kṛpā tam ahaṃ vande
paramānanda-mādhavam // 8 //

yaṃ brahmā varuṇendra-rudra-
marutaḥ
stunvanti divyaiḥ stavaiḥ
vedaiḥ sāṅga-pada-kramopaniṣadair
gāyanti yaṃ sāmagāḥ /
dhyānāvasthita-tad-gatena manasā
paśyanti yaṃ yogino
yasyāntam na viduḥ surāsura-gaṇā
devāya tasmai namaḥ // 9 //

617. Gītā-māhātmyam

gītā-śāstram idaṃ puṇyaṃ '
yaḥ paṭhet prāyataḥ pumān /
viṣṇoḥ padam avapnoti '
bhaya-śokādi-varjitaḥ // 1 //

gītādhyayana-śīlasya '
prāṇāyāma-parasya ca /
naiva santi he pāpāni '
pūrva-janme kṛtāni ca // 2 //

mala-nirmocanaṃ puṃsāṃ '
jala-snānaṃ dine dine /
sakṛd gītāmbhasi-snānaṃ
saṃsāra-mala-nāśanam // 3 //

gītā sugītā kartavyā '
kim anyaiḥ śāstra-vistaraiḥ /
yā svayaṃ padma-nābhasya
mukha-padmād viniḥsṛtā // 4 //

bhāratāmṛta-sarva svaṃ '
viṣṇor vaktrād viniḥsṛtam /
gītā-gaṅgodakaṃ pītvā '
punar janma na vidyate // 5 //

sarvopaniṣado gāvo '
dogdhā gopāla-nandanaḥ /
pārtho vatsaḥ sudhīr bhoktā '
dugdhaṃ gītāmṛtaṃ mahat // 6 //

ekaṃ śāstraṃ devakī-putra-gītam
eko devo devakī-putra eva /
eko mantras tasya nāmāni yāni
karmāpy ekaṃ tasya devasya sevā // 7 //

Gebete vor den Mahlzeiten

650. Annapūrṇe sadā-pūrṇe

annapūrṇe sadā-pūrṇe '
śaṅkara-prāṇa-vallabhe /
jñāna-vairāgya-siddhy-arthaṃ '
bhikṣāṃ dehi ca pārvati // 1 //

Göttin der Nahrung, Du bist allzeit die Fülle; Du bist die Gattin Śivas. O Pārvatī, gib mir zum Erwerb von Leidenschaftslosigkeit und Wissen Dein Almosen.

mātā ca pārvatī devī '
pitā devo maheśvaraḥ /
bāndhavāḥ śiva-bhaktāś ca '
sva-deśo bhuvana-trayam // 2 //

namaḥ pārvatī-pataye
hara hara mahādev // 3 //

651. Bhagavadgītā-ślokāḥ

annād bhavanti bhūtāni '
parjanyād anna-sambhavaḥ /
yajñād bhavati parjanyo '
yajñaḥ karma-samudbhavaḥ // 1 //

Die Wesen entstehen aus der Nahrung; die Nahrung entsteht aus dem Regen; der Regen entsteht aus dem Opfer; das Opfer entsteht aus dem Handeln (III.14).

**brahmārpaṇaṃ brahma havir '
brahmāgnau brahmaṇāhutam /
brahmaiva tena gantavyam '
brahma-karma-samādhinā // 2 //**

Brahman ist die Opfergabe. Brahman ist der Brennstoff des Opferfeuers. Durch brahman wird die Opfergabe in das Feuer brahmans gegossen.

Wer allezeit das Wirken brahmans sieht, wird wahrlich brahman erreichen (IV.24).

ahaṃ vaiśvānaro bhūtvā '
prāṇināṃ deham āśritaḥ /
prāṇāpāna-samāyuktaḥ '
pacāmy annaṃ catur-vidham // 3 //

In den Körpern der Lebewesen weilend zum Verdauungsfeuer geworden, koche ich, verbunden mit dem prāna und dem apāna, die vierfache Nahrung (XV.14).

Sūrya-mantras

660. Sūrya-namaskāra (Sonnengruß)-mantras

1. oṃ mitrāya namaḥ
om, Verneigung dem Freund aller

2. oṃ ravaye namaḥ
om, Verneigung dem Sonnengott

3. oṃ sūryāya namaḥ
om, Verneigung der Sonne

4. oṃ bhānave namaḥ
om, Verneigung dem Leuchtenden

5. oṃ khagāya namaḥ
om, Verneigung dem Himmelswanderer

6. oṃ pūṣṇe namaḥ
om, Verneigung dem Gedeihen Bringenden

7. oṃ hiraṇyagarbhāya namaḥ
om, Verneigung dem Goldkeim

8. oṃ marīcaye namaḥ
om, Verneigung dem Strahlenden

9. om ādityāya namaḥ
om, Verneigung dem Sohn der Ursprünglichen

10. oṃ savitre namaḥ
om, Verneigung dem Schöpfer

11. om arkāya namaḥ
om, Verneigung dem Verehrungswürdigen

12. oṃ bhāskarāya namaḥ
om, Verneigung dem Lichtbringer

661. Sūryaṃ sundara-loka-nātham

sūrya-dhyāna-ślokas,
Meditationsstrophen für die Sonne.

om
sūryaṃ sundara-loka-nātham
amṛtaṃ
vedānta-sāraṃ śivaṃ
jñānaṃ brahma-mayaṃ sureśam
amalaṃ
lokaika-cittaṃ svayam /
indrāditya-narādhipaṃ
sura-guruṃ
trailokya-cūḍā-maṇiṃ
brahmā-viṣṇu-śiva-svarūpa-hṛdayaṃ
vande sadā bhāskaram // 1 //

ādi-deva namas tubhyaṃ '
prasīda mama bhāskara /
divākara namas tubhyaṃ '
prabhākara namo 'stu te // 2 //

Ich verehre Sūrya, den wunderbaren Herrn der Welt, den Unsterblichen, die Quintessenz des vedānta, den Segensreichen, das Absolute Wissen, der die Gestalt brahmans ist, der Herr der Götter, ewig rein, das eine wahre Bewusstsein der Welt selbst, Herr von Indra, den Göttern und der Menschen, Lehrer der Götter, den Juwel der 3 Welten, das Herz der Formen von Brahmā, Viṣṇu und Śiva.

662. Sūrya-gāyatrī

om ādityāya vidmahe /
sahasra-kiraṇāya dhīmahi /
tan naḥ sūryaḥ pracodayāt //

Wir erkennen Sūrya.
Wir meditieren über Sūrya mit 1000 Strahlen.
Möge Er unser Verständnis erleuchten.

663. Oṃ ghṛṇiḥ

Mantra zur Rezitation

oṃ ghṛṇiḥ[i] , sūrya ādityaḥ[a]

664. Cakṣuṣmatī-vidyā-mantra

oṃ namo bhagavate śrī-sūryāya,
ādityāya, akṣi-tejase,
aho vāhini vāhini svāhā

Verehrung dem Sūrya, welcher aus dem Unendlichen kommt, welcher das Licht (die Kraft) unserer Augen ist. Alles wird Sūrya, welcher den Tag wie auch das ganze Universum trägt, in Verehrung geopfert.

670. Śānti-mantras

Śanti-mantras helfen, eine Schwingung des Friedens zu erzeugen. Frieden mit allen körperlichen Wesen, mit unserem Lehrer, mit den devas oder Gottheiten sowie mit den verschiedenen Teilen unseres Körpers.

*Die **fettgedrucken Mantras** werden besonders häufig (und in der vorgegebenen Reihenfolge) bei Yoga Vidya rezitiert.*

om om om

śan no mitraḥ śaṃ varuṇaḥ '
śan no bhavatv aryamā /
śan na indro bṛhas patiḥ '
śan no viṣṇur uru kramaḥ //

namo brahmaṇe /
namas te vāyo /
tvam eva pratyakṣaṃ brahmāsi /
tvām eva pratyakṣam
brahma vadiṣyāmi /
ṛtaṃ vadiṣyāmi /
satyaṃ vadiṣyāmi /
tan mām avatu /
tad vaktāram avatu /
avatu mām /
avatu vaktāram /
oṃ śāntiḥ śāntiḥ śāntiḥ // 1 //

Om. Möge die Sonne gut zu uns sein. Möge der Gott der Wasser gut zu uns sein. Möge Aryamā gut zu uns sein, möge der König der Götter und mögen die Lehrer der Götter gut zu uns sein. Möge Viṣṇu der großen Schritte gut zu uns sein. Verneigungen vor dem Höchsten. Verneigungen vor Dir, Wind! Du bist wirklich das sichtbare brahman. Ich werde Dich als das sichtbare brahman verkünden. Ich werde einfach nur Dich rufen. Ich werde Dich Wahrheit nennen. Möge das Göttliche mich beschützen. Möge Es den Lehrer beschützen.

Om Frieden, Frieden, Frieden.

om

saha nāv avatu /
saha nau bhunaktu /
saha vīryaṅ karavāvahai /
tejasvi nāv adhītam astu
mā vidviṣāvahai /
oṃ śāntiḥ śāntiḥ śāntiḥ // 2 //

Om. Möge das Göttliche uns beide beschützen, Lehrer und Schüler. Möge Es uns beide die Wonne der Befreiung geniessen lassen. Mögen wir beide uns anstrengen, die wahre Bedeutung der Schriften zu erfassen. Möge unser Lernen ausgezeichnet sein. Mögen wir niemals miteinander streiten. Om Frieden, Frieden, Frieden.

om

yaś chandasām ṛṣabho viśvarūpaḥ /
chandobhyo 'dhy amṛtāth sambabhūva /
sa mendro medhayā spṛṇotu /
amṛtasya deva dhāraṇo bhūyāsam /

śarīraṃ me vicarṣaṇam /
jihvā me madhumattamā /
karṇābhyāṃ bhūri viśruvam /
brahmaṇaḥ kośo 'si medhayāpihitaḥ /
śrutaṃ me gopāya //
oṃ śāntiḥ śāntiḥ śāntiḥ // 3 //

Om. Möge er, der Gott aller Wesen, der über alle Veden und ihren Nektar hinausragt, mich mit Weisheit segnen. Möge ich geschmückt sein mit dem Wissen über brahman, das zur Unsterblichkeit führt. Möge mein Körper stark und kräftig sein (um über brahman meditieren zu können). Möge meine Zunge immer angenehm sprechen. Möge ich viel mit meinen Ohren hören. Du bist die Hülle brahmans, das durch weltliche Makel verdeckt ist (und nicht durch den Intellekt erfassbar). Möge ich nie vergessen, was ich gelernt habe.

Om Frieden, Frieden, Frieden.

om

ahaṃ vṛkṣasya rerivā /
kīrtiḥ pṛṣṭhaṃ girer iva /
ūrdhva-pavitro vājinīva
svamṛtam asmi /
draviṇaṃ savarcasam /
sumedhā amṛtokṣitaḥ /
iti triśaṅkor vedānuvacanam //
oṃ śāntiḥ śāntiḥ śāntiḥ // 4 //

Om. Ich bin der Zerstörer des Baums (von Tod und Wiedergeburt). Mein Ruf ist so hoch wie der Gipfel des Berges. Ich bin in meiner Essenz rein wie die Sonne. Ich bin das höchste Gut. Ich bin allwisend, unsterblich, unzerstörbar. So lehrte Triśaṅku.

Om, Frieden, Frieden, Frieden.

om

pūrṇam adaḥ pūrṇam idaṃ '
pūrṇāt pūrṇam udacyate /
pūrṇasya pūrṇam ādāya '
pūrṇam evāvaśiṣyate //
oṃ śāntiḥ śāntiḥ śāntiḥ // 5 //

om

āpyāyantu mamāṅgāni
vāk prāṇaś cakṣuḥ śrotram
atho balam indriyāṇi ca sarvāṇi /
sarvaṃ brahmaupaniṣadam /
māhaṃ brahma nirākuryām /
mā mā brahma nirākarod
anirākaraṇam astv anirākaraṇam
me astu /
tadātmani nirate ya upaniṣatsu
dharmās te mayi santu
te mayi santu /
oṃ śāntiḥ śāntiḥ śāntiḥ // 6 //

Om. Mögen meine Glieder, Sprache, Lebensenergie, Auge, Ohr, Stärke und alle meine Sinne zu großer Vitalität heranwachsen. All diese sind das brahman der Upanishaden. Möge ich niemals brahman verleugnen. Möge brahman mich niemals zurückweisen. Möge es niemals Zurückweisung durch das brahman geben. Lasse all die Tugenden, von denen in den Upanishaden geschrieben steht, sich in mir festigen. Möge ich mich erfreuen in meinem Selbst. Mögen die Tugenden sich in mir festigen. Om Frieden, Frieden, Frieden.

om

vāṅ me manasi pratiṣṭhitā /
mano me vāci pratiṣṭhitam /
āvir āvīr ma edhi /

vedasya ma āṇī sthaḥ /
śrutaṃ me mā prahāsīḥ /
anenādhītenāhorātrān sandadhāmi /
ṛtaṃ vadiṣyāmi / satyaṃ vadiṣyāmi /
tan mām avatu / tad vaktāram avatu /
avatu mām / avatu vaktāram
avatu vaktāram /
oṃ śāntiḥ śāntiḥ śāntiḥ // 7 //

Om. Lasse das, was ich sage, auch in meinen Gedanken sein. Lasse meine Gedanken auch in meiner Rede sein. Gib, dass brahman sich mir enthüllt. Lass Geist und Rede mich befähigen, die Wahrheit der Veden zu erfassen. Lass das, was ich höre, nicht vergeblich sein. Lass mich Tag und Nacht mit Lernen und Nachdenken verbringen. Ich denke Wahrheit. Ich spreche Wahrheit. Möge diese Wahrheit mich beschützen. Möge die Wahrheit den Lehrer beschützen. Beschütze mich. Beschütze den Lehrer.

Om, Frieden, Frieden, Frieden.

om

bhadran no api vātaya manaḥ //
oṃ śāntiḥ oṃ śāntiḥ oṃ śāntiḥ // 8 //

Om. Gib uns einen glücklichen Gedanken ein!

Om, Frieden, Frieden, Frieden.

om

bhadraṅ karṇebhiḥ śṛṇuyāma devāḥ
bhadram paśyemākṣabhir yajatrāḥ /
sthirair aṅgais tuṣṭuvā[guṃ]sas tanūbhiḥ '
vyaśema deva-hitaṃ yad āyuḥ //

svasti na indro vṛddha-śravāḥ '
svasti naḥ pūṣā viśva-vedāḥ /
svasti nas tārkṣyo ariṣṭa-nemiḥ '
svasti no bṛhas-patir dadhātu //
om śāntiḥ śāntiḥ śāntiḥ // 9 //

Om. Götter! Mögen wir mit unseren Ohren hören, was gut für uns ist. Oh ja, mögen wir mit unseren Augen erblicken, was gut für uns ist. Mögen wir das Leben, das uns von den Göttern zugeteilt wurde, genießen und die Götter mit unserem Körper preisen. Möge Indra, der Mächtige, uns ehrwürdigen Ruhm und Glück gewähren. Möge Er, der Ernährer und Besitzer allen Wohlstands, uns das geben, was gut für uns ist. Möge die Gottheit der schnellen Bewegung gnädig zu uns sein und möge der Beschützer der Großen auch uns beschützen.

Om Frieden, Frieden, Frieden.

om

yo (vai) brahmāṇaṃ vidadhāti
pūrvaṃ ' yo vai vedāṃś
ca prahiṇoti tasmai /
taṃ ha devam ātma-buddhi-
prakāśaṃ ' mumukṣur vai
śaraṇam ahaṃ prapadye //
oṃ śāntiḥ śāntiḥ śāntiḥ // 10 //

Om. Zu Ihm nehme ich Zuflucht, der dieses Universum zu Beginn geschaffen hat und den die Veden ruhmreich preisen, mit festem Vertrauen und Glauben, dass mein Intellekt erstrahlen möge vom Wissen über brahman.

Om, Frieden, Frieden, Frieden.

Sonstige Stotras, Sūktas u. Ä.

680. Prātaḥ-smaraṇa-stotra

Morgenverse vor der Meditation

von Ādi Śaṅkarācārya

prātaḥ smarāmi
hṛdi saṃsphurad ātma-tattvaṃ
sac-cit-sukhaṃ
parama-haṃsa-gatiṃ turīyam /
yat svapna-jāgara-suṣuptim
avaiti nityaṃ
tad brahma niṣkalam ahaṃ
na ca bhūta-saṅghaḥ // 1 //

In der Morgendämmerung meditiere ich im Herzen über den strahlenden ātman, der absolutes Sein, Wissen und Wonne ist, das höchste Ziel der großen Weisen. Ich bin jenes unteilbare brahman jenseits des Wach-, Traum- und Tiefschlafzustandes und nicht eine reine Ansammlung physischer Elemente.

prātar bhajāmi
manasāṃ vacasām agamyaṃ
vāco vibhānti nikhilā
yad-anugraheṇa /
yan neti-neti-vacanair
nigamā avocuḥ
taṃ deva-devam ajam
acyutam āhur agryam // 2 //

Am frühen Morgen verehre ich die Höchste Göttliche Wirklichkeit, die jenseits der Reichweite von Geist und Sprache ist. Durch deren Gnade die Sprache selbst sich überhaupt manifestieren kann. Die die Schriften in der Verneinung beschreiben als „nicht dies, nicht das". Die die Weisen beschreiben als nie geboren, unveränderlich, Gott der Götter und ewigen Ursprung von allem.

prātar namāmi tamasaḥ
param arka-varṇaṃ
pūrṇaṃ sanātana-padaṃ
puruṣottamākhyam /
yasminn idaṃ jagad aśeṣam
aśeṣa-mūrtau
rajjvāṃ bhujaṅgama iva
prati-bhāsitaṃ vai // 3 //

Am Morgen verbeuge ich mich vor dem Höchsten Strahlenden Wesen jenseits aller Dunkelheit, der unendlichen ewigen Wirklichkeit. Alles im Universum und alle Wesen sind über sie gelagert so wie ein Seil als Schlange erscheinen mag.

śloka-trayam idaṃ puṇyaṃ
loka-traya-vibhūṣaṇam /
prātaḥ-kāle paṭhed yas tu
sa gacchet paramaṃ padam // 4 //

Wer diese heiligen Verse, die Zierde der drei Welten, frühmorgens rezitiert, wird den höchsten Zustand erreichen.

681. Namo 'stv anantāya

Strophe nach der Meditation

namo 'stv anantāya sahasra-mūrtaye
sahasra-pādākṣi-śiroru-bāhave /

sahasra-nāmne puruṣāya śāśvate
sahasra-koṭī-yuga-dhāriṇe namaḥ //

Verehrung dem Ewigen Puruṣa, der zahllose Namen und Formen, Füße, Augen, Köpfe und Hände hat. Er ist ewig und zeitlos. Verehrung dieser unendlichen Göttlichen Wirklichkeit.

682. Maṅgalaṃ bhagavān viṣṇuḥ

maṅgalaṃ bhagavān viṣṇuḥ
maṇgalaṃ garuḍa-dhvajaḥ /

maṅgalaṃ puṇḍarīkākṣaḥ
maṅgalāyatano hariḥ //

Möge Viṣṇu uns Glück und Erfolg schenken. Möge Garuḍa (Vogelmensch, auf dem Viṣṇu fliegt; Adler, König der Vögel) uns Glück und Segen schenken. Möge dieser Gott mit den lotosgleichen Augen uns Segen bringen. Alles Glück kommt letztlich von Gott.

690. Guru-stotra

Auf dem spirituellen Weg benötigt man Führung. Wir rufen die Energie des guru an, der in Wahrheit in unserem eigenen Selbst ist. Mit den Guru-stotras können wir uns auf unseren Meister einstimmen, dessen Liebe und Gnade uns über viele Hindernisse hinweg führen wird.

brahmānandaṃ parama-sukhadaṃ
kevalaṃ jñāna-mūrtiṃ
dvandvātītaṃ gagana-sadṛśaṃ
tat-tvam-asy-ādi-lakṣyam /

Ich grüße den guru, der die Inkarnation der höchsten Wonne ist. Er bringt Freude, ist befreit, ist die Verkörperung höchster Weisheit. Er ist jenseits aller Gegensatzpaare (wie Zuneigung/Abneigung). Er ist alldurchdringend wie der Raum. Er hat das Ziel der Formel „tat tvam asi“ – „Das bist Du“ erreicht.

ekaṃ nityaṃ vimalam acalaṃ
sarva-dhī-sākṣi-bhūtaṃ
bhāvātītaṃ tri-guṇa-rahitaṃ
sadguruṃ taṃ namāmi // 1 //

Ich verneige mich vor dem guru, der das eine ohne ein zweites ist. Er ist ewig, rein und unbewegt. Er kennt alle Herzen. Er ist jenseits unserer Vorstellungskraft und frei vom Spiel der drei Eigenschaften in der Natur.

caitanyaṃ śāśvataṃ śāntaṃ
nirākāraṃ nirañjanam /
nāda-bindu-kalātītaṃ
tasmai śrī-gurave namaḥ // 2 //

Verehrung dem guru, der das Bewusstsein selbst ist, friedvoll, ewig, gestaltlos und makellos. Er ist jenseits von Zeit, Raum und Kausalität.

gurur brahmā gurur viṣṇur
gurur devo maheśvaraḥ /
guruḥ sākṣāt paraṃ brahma
tasmai śrī-gurave namaḥ // 3 //

Der guru ist der Schöpfer (unseres spirituellen Strebens), der Beschützer (unserer Bestrebungen) und der Zerstörer (unserer schlechten Eigenschaften). Der guru selbst ist eins mit dem höchsten Wesen. Verehrung dem guru.

ajñāna-timirāndhasya
jñānāñjana-śalākayā /
cakṣur unmīlitaṃ yena
tasmai śrī-gurave namaḥ // 4 //

Verehrung dem guru, der mit dem Skalpell der Weisheit den blind machenden Katarakt der Unwissenheit beseitigt und so unser inneres Auge öffnet, damit wir die Wahrheit erkennen können.

dhyāna-mūlaṃ guror mūrtiḥ
pūjā-mūlaṃ guroḥ padam /
mantra-mūlaṃ guror vākyaṃ
mokṣa-mūlaṃ guroḥ kṛpā // 5 //

Über die Gestalt des guru kann man meditieren. Die Füße des guru sind verehrungswürdig. Aus dem Mund des guru kommt der Mantra. Durch die Gnade des guru erlangen wir die Befreiung.

om
namaḥ śivāya gurave '
saccidānanda-mūrtaye
niṣ-prapañcāya śāntāya '
(śrī) śivānandāya te namaḥ // 6 //

Verehrung dem guru Śiva, der sich in Swami Sivananda manifestiert. Er ist die Verkörperung von absolutem Sein, Wissen und Glückseligkeit. In ihm existiert keine Weltlichkeit, und er ist immer friedvoll. Verehrung unserem Meister Swami Sivananda.

mātā ca pārvatī devī '
pitā devo maheśvaraḥ /
bāndhavāḥ śiva-bhaktāś ca '
sva-deśo bhuvana-trayam // 7 //

namaḥ pārvatī-pataye
hara hara mahādev // 8 //

Meine Mutter ist die Göttin Pārvatī. Mein Vater ist Gott Śiva. Alle Kinder Gottes sind meine Freunde. Verehrung der Pārvatī. Verehrung dem Śiva.

om

sarva-maṅgala-māṅgalye '
śive sarvārtha-sādhike /
śaraṇye tryambake gauri '
nārāyaṇi namo 'stu te // 9 //

nārāyaṇi namo 'stu te

Verehrung der Mutter Nārāyaṇi. Sie bringt Glück und erfüllt alle Wünsche des Suchers (sowohl materielle wie auch spirituelle).

691. 'Namas-tasyai-stotra'

(Hymne aus dem Devīmāhātmya 5.9 ff.)

yā devī sarva-bhūteṣu '
viṣṇu-māyeti śabditā /
namas tasyai namas tasyai '
namas tasyai namo namaḥ // 1 //

Verehrung der Devī (Göttin), die in allen Wesen als māyā Viṣṇus wohnt. Ich verneige mich vor ihr wieder und wieder.

yā devī sarva-bhūteṣu '
cetanety abhidhīyate /
namas tasyai namas tasyai '
namas tasyai namo namaḥ // 2 //

Verehrung der Devī (Göttin), die in allen Wesen als Bewusstsein wohnt. Ich neige mich vor ihr wieder und wieder.

yā devī sarva-bhūteṣu '
buddhi-rūpeṇa saṃsthitā /
namas tasyai namas tasyai '
namas tasyai namo namaḥ // 3 //

... Intelligenz ...

yā devī sarva-bhūteṣu '
nidrā-rūpeṇa saṃsthitā /
namas tasyai namas tasyai '
namas tasyai namo namaḥ // 4 //

... Schlaf ...

yā devī sarva-bhūteṣu '
kṣudhā-rūpeṇa saṃsthitā /
namas tasyai namas tasyai '
namas tasyai namo namaḥ // 5 //

... Hunger ...

yā devī sarva-bhūteṣu '
chāyā-rūpeṇa saṃsthitā /
namas tasyai namas tasyai '
namas tasyai namo namaḥ // 6 //

... Schatten, Reflexion, Schutz ...

yā devī sarva-bhūteṣu '
śakti-rūpeṇa saṃsthitā /
namas tasyai namas tasyai '
namas tasyai namo namaḥ // 7 //

... Energie ...

yā devī sarva-bhūteṣu '
tṛṣṇā-rūpeṇa saṃsthitā /
namas tasyai namas tasyai '
namas tasyai namo namaḥ // 8 //

... Durst und Begierde ...

yā devī sarva-bhūteṣu '
kṣānti-rūpeṇa saṃsthitā /
namas tasyai namas tasyai '
namas tasyai namo namaḥ // 9 //

... Vergebung ...

yā devī sarva-bhūteṣu '
jāti-rūpeṇa saṃsthitā /
namas tasyai namas tasyai '
namas tasyai namo namaḥ // 10 //

... Geburt, Existenzform, Rang ...

yā devī sarva-bhūteṣu '
lajjā-rūpeṇa saṃsthitā /
namas tasyai namas tasyai '
namas tasyai namo namaḥ // 11 //

... Bescheidenheit ...

yā devī sarva-bhūteṣu '
śānti-rūpeṇa saṃsthitā /
namas tasyai namas tasyai '
namas tasyai namo namaḥ // 12 //

... Frieden ...

yā devī sarva-bhūteṣu '
śraddhā-rūpeṇa saṃsthitā /
namas tasyai namas tasyai '
namas tasyai namo namaḥ // 13 //

... Glaube ...

yā devī sarva-bhūteṣu '
kānti-rūpeṇa saṃsthitā /
namas tasyai namas tasyai '
namas tasyai namo namaḥ // 14 //

... Schönheit ...

yā devī sarva-bhūteṣu '
lakṣmī-rūpeṇa saṃsthitā /
namas tasyai namas tasyai '
namas tasyai namo namaḥ // 15 //

... Glück ...

yā devī sarva-bhūteṣu '
vṛtti-rūpeṇa saṃsthitā /
namas tasyai namas tasyai '
namas tasyai namo namaḥ // 16 //

... Verhalten, Aktivität ...

yā devī sarva-bhūteṣu '
smṛti-rūpeṇa saṃsthitā /
namas tasyai namas tasyai '
namas tasyai namo namaḥ // 17 //

... Erinnerung, Gedächtnis ...

yā devī sarva-bhūteṣu '
dayā-rūpeṇa saṃsthitā /
namas tasyai namas tasyai '
namas tasyai namo namaḥ // 18 //

... Barmherzigkeit ...

yā devī sarva-bhūteṣu '
tuṣṭi-rūpeṇa saṃsthitā /
namas tasyai namas tasyai '
namas tasyai namo namaḥ // 19 //

... Zufriedenheit ...

yā devī sarva-bhūteṣu '
mātṛ-rūpeṇa saṃsthitā /
namas tasyai namas tasyai '
namas tasyai namo namaḥ // 20 //

... Mutter ...

yā devī sarva-bhūteṣu '
bhrānti-rūpeṇa saṃsthitā /
namas tasyai namas tasyai '
namas tasyai namo namaḥ // 21 //

... Irrtum ...

indriyāṇām adhiṣṭhātrī '
bhūtānāṃ cākhileṣu yā /
bhūteṣu satataṃ tasyai '
vyāpti-devyai namo namaḥ // 22 //

Verneigung vor der alldurchdringenden Devī, die die Sinne aller Wesen lenkt und die Elemente regiert.

citi-rūpeṇa yā kṛtsnam '
etad vyāpya sthitā jagat /
namas tasyai namas tasyai '
namas tasyai namo namaḥ // 23 //

Verneigung wieder und wieder vor Ihr, die diese ganze Welt als Bewusstsein durchdringt.

stutā suraiḥ pūrvam
abhīṣṭa-saṃśrayāt '
tathā surendreṇa dineṣu sevitā /
karotu sā naḥ śubha-hetur īśvarī '
śubhāni bhadrāṇy abhihantu
cāpadaḥ // 24 //

Möge Sie, die Göttin, die früher von den devas zur Erfüllung ihres Vorhabens angerufen wurde und die täglich vom Herrn der devas verehrt wird, die Quelle alles Guten, für uns alles Glückverheißende bewirken und unserer Not ein Ende machen.

692. Puruṣa-sūkta

Hymne an das kosmische, göttliche Wesen, aus dem die Vielfalt der Welt mit ihren unterschiedlichen Elementen, Tieren, Menschen und Ritualen hervorgegangen ist.

sahasra-śīrṣā puruṣaḥ '
sahasrākṣaḥ sahasra-pāt /
sa bhūmiṃ viśvato vṛtvā '
aty atiṣṭhad daśāṅgulam // 1 //

puruṣa evedaṃ sarvaṃ '
yad bhūtaṃ yac ca bhavyam /
utāmṛtatvasyeśānaḥ '
yad annenāti-rohati // 2 //

etāvān asya mahimā
ato jyāyāṃś ca pūruṣaḥ /
pādo 'sya viśvā bhūtāni '
tri-pād asyāmṛtaṃ divi // 3 //

Der Puruṣa, das Kosmische Wesen, hat tausend Köpfe, tausend Augen, tausend Füße. Er umschließt die Erde ganz und ragt zehn Fingerlängen über sie hinaus. Alles Existierende ist allein der Puruṣa. Alles, was jemals war und immer sein wird, ist Puruṣa. Er ist der Herr der Unsterblichkeit, denn in seiner Form als Nahrung (steht für das Universum) transzendiert Er alles. So herrlich und noch großartiger ist der Puruṣa. Ein Viertel von Ihm ist die Schöpfung, alle Wesen, (während) drei Viertel von Ihm als das Unsterbliche Wesen darüber steht.

tripād ūrdhva ud ait puruṣaḥ '
pādo 'syehābhavat punaḥ /
tato viṣvaṅ vy akrāmat '
sāśanānaśane abhi // 4 //

tasmād virāḍ ajāyata '
virājo adhi pūruṣaḥ /
sa jāto aty aricyata '
paścād bhūmim atho puraḥ // 5 //

yat puruṣeṇa haviṣā '
devā yajñam atanvata /
vasanto asyāsīd ājyaṃ '
grīṣma idhmaś śarad dhaviḥ // 6 //

saptāsyāsan paridhayaḥ '
triḥ sapta samidhaḥ kṛtāḥ /
devā yad yajñaṃ tanvānāḥ '
abadhnan puruṣaṃ paśum // 7 //

taṃ yajñaṃ barhiṣi praukṣan '
puruṣaṃ jātam agrataḥ /
tena devā ayajanta '
sādhyā ṛṣayaś ca ye // 8 //

tasmād yajñāt sarva-hutaḥ '
saṃbhṛtaṃ pṛṣad-ājyam /
paśūṃs tāṃś cakre vāyavyān '
āraṇyān grāmyāṃś ca ye // 9 //

tasmād yajñād sarva-hutaḥ '
ṛcaḥ sāmāni jajñire /
chandāṃsi jajñire tasmāt '
yajus tasmād ajāyata // 10 //

tasmād aśvā ajāyanta '
ye ke cobhayā-dataḥ /
gāvo ha jajñire tasmāt '
tasmāj jātā ajāvayaḥ // 11 //

yat puruṣaṃ vyadadhuḥ '
katidhā vy akalpayan /
mukhaṃ kim asya kau bāhū '
kāv ūrū pādāv ucyete // 12 //

brāhmaṇo 'sya mukham āsīt '
bāhū rājanyaḥ kṛtaḥ /
ūrū tad asya yad vaiśyaḥ '
padbhyāṃ śūdro ajāyata // 13 //

candramā manaso jātaḥ '
cakṣoḥ sūryo ajāyata /
mukhād indraś cāgniś ca '
prāṇād vāyur ajāyata // 14 //

nābhyā āsīd antarikṣaṃ '
śīrṣṇo dyauḥ sam avartata /
padbhyāṃ bhūmir diśaḥ śrotrāt '
tathā lokān akalpayan // 15 //

vedāham etaṃ puruṣaṃ mahāntam '
āditya-varṇaṃ tamasas tu pāre /
sarvāṇi rūpāṇi vicitya dhīraḥ '
nāmāni kṛtvābhivadan yad āste // 16 //

dhātā purastād yam udājahāra '
śakraḥ pravidvān pradiśaś catasraḥ /
tam evaṃ vidvān amṛta iha bhavati '
nānyaḥ panthā ayanāya vidyate // 17 //

yajñena yajñam ayajanta devāḥ '
tāni dharmāṇi prathamāny āsan /
te ha nākaṃ mahimānaḥ sacante '
yatra pūrve sādhyāḥ santi devāḥ // 18 //

adbhyaḥ saṃ bhūtaḥ pṛthivyai rasāc ca '
viśvakarmaṇaḥ sam avartatādhi /
tasya tvaṣṭā vidadhad rūpam eti '
tat puruṣasya viśvam ājānam agre // 19 //

vedāham etaṃ puruṣaṃ mahāntam '
āditya-varṇaṃ tamasaḥ parastāt /
tam evaṃ vidvān amṛta iha bhavati '
nānyaḥ panthā vidyate 'yanāya // 20 //

prajā patiś carati garbhe antaḥ '
ajāyamāno bahudhā vi jāyate /
tasya dhīrāḥ pari jānanti yoniṃ '
marīcīnāṃ padam icchanti
vedhasaḥ // 21 //

yo devebhya ātapati '
yo devānāṃ purohitaḥ /
pūrvo yo devebhyo jātaḥ '

namo rucāya brāhmaye // 22 //

rucaṃ brāhmaṃ janayantaḥ '
devā agre tad abruvan /
yas tvaivaṃ brāhmaṇo vidyāt '
tasya devā asan vaśe // 23 //

hrīś ca te lakṣmīś ca patnyau '
ahorātre pārśve ' nakṣatrāṇi rūpam '
aśvinau vyāttam '
iṣṭaṃ maniṣāṇa ' amuṃ maniṣāṇa '
sarvaṃ maniṣāṇa // 24 //

693. Nārāyaṇa-sūkta

sahasra-śīr(a)ṣaṃ devaṃ '
viśvākṣaṃ viśva-śambhuvam /
viśvaṃ nārāyaṇaṃ devam '
akṣaraṃ paramaṃ padam // 1 //

Dieses Universum ist das Ewige Wesen (Nārāyaṇa), das Unvergängliche, das Höchste, das Ziel, mit vielen Köpfen und Augen (d.h. allgegenwärtig und allwissend), das Strahlende, die Quelle der Wonne für das ganze Universum.

viśvataḥ paramān nityaṃ '
viśvaṃ nārāyaṇaṃ harim /
viśvam evedaṃ puruṣas '
tad viśvam upajīvati // 2 //

Dieses Universum ist nichts anderes als das Höchste Wesen (Puruṣa). Daher besteht es aus DEM, dem Unvergänglichen, das das Universum (in jeglicher Weise) transzendiert – das allgegenwärtige Absolute, das alle Fehler vernichtet.

patiṃ viśvasyātmeśvaraṃ '
śāśvataṃ śivam acyutam /
nārāyaṇaṃ mahājñeyaṃ '
viśvātmānaṃ parāyaṇam // 3 //

(Er ist) der Beschützer des Universums, der Gott aller Seelen, der Ewige, der Glückbringende, der Unzerstörbare, das Ziel der ganzen Schöpfung, das Höchste, wert, erkannt zu werden, die Seele aller Wesen und zuverlässige Zuflucht.

nārāyaṇa paro jyotir '
ātmā nārāyaṇaḥ paraḥ /
nārāyaṇa paraṃ brahma-
tattvaṃ nārāyaṇaḥ paraḥ /
nārāyaṇa paro dhyātā '
dhyānaṃ nārāyaṇaḥ paraḥ // 4 //

Nārāyaṇa ist das Höchste Absolute, die Höchste Wirklichkeit, ist das Höchste Licht. Nārāyaṇa ist das Höchste Selbst, der Höchste Meditierende, die Höchste Meditation.

yac ca kiñcij jagat sarvaṃ '
dṛśyate śrūyate 'pi vā /
antar bahiś ca tat sarvaṃ '
vyāpya nārāyaṇaḥ sthitaḥ // 5 //

Wie auch immer dieses Universum sich zeigt – was man sieht oder hört – alles ist innen und außen gleichermaßen durchdrungen von diesem immer währenden Göttlichen Wesen (Nārāyaṇa).

anantam avyayaṃ kaviṃ '
samudre 'ntaṃ viśva-śambhuvam /
padma-kośa-pratīkāśaṃ '
hṛdayaṃ cāpy adho-mukhaṃ // 6 //

Er ist das Unbegrenzte, Unvergängliche, Allgegenwärtige, das im Ozean des Herzens wohnt. Er ist die Ursache allen Glücks im Weltall, das Höchste Ziel allen Strebens. Er manifestiert sich auf subtile Weise im Herzen, wie die im Inneren verborgene Knospe einer Lotosblume.

adho niṣṭyā vitastyānte '
nābhyām upari tiṣṭhati /
jvāla-mālākulaṃ bhātī '
viśvasyāyatanaṃ mahat // 7 //

Etwa eine Handlänge unter der Kehle, oberhalb des Nabels – also im Herzen, dem Sitz des Reinen Bewusstseins im Menschen auf der relativen physischen Ebene, erstrahlt die großartige Wohnstätte des Universums, geschmückt mit einem Flammenkranz.

santataṃ śilābhis tu '
lambaty ākośa-sannibham /
tasyānte suṣiraṃ sūkṣmaṃ '
tasmint sarvaṃ pratiṣṭhitam // 8 //

Von allen Seiten von Kreisläufen (Arterien) umgeben, hängt die Lotosknospe des Herzens nach unten. Sie umschließt einen feinen Raum (eine schmale Öffnung, suṣumnā-nāḍī), in dem die Grundessenz aller Dinge vorhanden ist.

tasya madhye mahān agnir '
viśvārcir viśvato-mukhaḥ /
so 'gra-bhug vibhajan tiṣṭhann '
āhāram ajaraḥ kaviḥ /
tiryag ūrdhvam adhaś-śāyī '
raśmayas tasya santatā // 9 //

In diesem Raum im Herzen befindet sich das große lodernde Feuer der Unvergänglichkeit und Allwissenheit. Es züngelt in alle Richtungen, schaut überall hin und nimmt die Nahrung auf, die ihm gereicht wird.

santāpayati svaṃ deham '
āpāda-tala-mastakaḥ /
tasya madhye vahni-śikhā '
aṇīyordhvā vyavasthitaḥ // 10 //

Die Strahlen dehnen sich weit nach allen Seiten, nach oben und nach unten aus und erwärmen den ganzen Körper vom Kopf bis zu den Füßen. In der Mitte dieser Flamme ist das Herz, die Zunge, des Feuers, als das feinste und subtilste aller Dinge.

nīla-toyada-madhya-sthād-
vidyul-lekheva bhāsvarā /
nīvāra-śūkavat tanvī '
pītā bhāsvaty aṇūpamā // 11 //

Strahlend wie das Aufleuchten des Blitzstrahls in blauen, regenschweren Wolken, schlank wie die Ähren des Getreides, goldgelb, fein wie das winzigste Atom, so herrlich glüht (diese Feuerzunge).

tasyāḥ śikhāyā madhye '
paramātmā vyavasthitaḥ /
sa brahmā sa śivaḥ (sa hariḥ) sendraḥ '
so ' kṣaraḥ paramaḥ svarāṭ // 12 //

In der Mitte dieser Flamme wohnt das Höchste Selbst. Dieses (Selbst) ist Brahmā (der Schöpfer), Śiva (der Zerstörer), Hari (der Beschützer), Indra (der Lenker), das Unvergängliche, das Absolute, das aus sich selbst existierende Wesen.

ṛta(gu)ṃ satyaṃ paraṃ brahma '
puruṣaṃ kṛṣṇa-piṅgalam /
ūrdhva-retaṃ virūpākṣaṃ '
viśva-rūpāya vai namo namaḥ // 13 //

Wieder und wieder verehren wir dieses Wesen in allen Formen, das die Wahrheit, das Gesetz, das höchste Absolute ist, diesen Puruṣa von blau-gelber Farbe, die geballte Kraft, Ihn, der alles sieht.

nārāyaṇāya vidmahe '
vāsudevāya dhīmahi /
tan no viṣṇuḥ pracodayāt // 14 //

Wir verbinden uns mit Nārāyaṇa und meditieren auf Vāsudeva. Möge Viṣṇu uns (zum großen Ziel) führen.

viṣṇor nu kaṃ vīryāṇi pra vocaṃ '
yaḥ pārthivāni vimame rajāṃsi /
yo askabhāyad uttaraṃ sadhasthaṃ
vicakramāṇas tredhorugāyaḥ // 15 //

viṣṇo rarāṭam asi viṣṇoḥ
pṛṣtham asi viṣṇoḥ śnyaptre stho
viṣṇos syūr asi viṣṇor dhruvam asi
vaiṣṇavam asi viṣṇave tvā // 16 //

Welche wertvolle Eigenschaft und Tat des alldurchdringenden Viṣṇu soll ich verherrlichen? Er umschließt die Erde und den Himmel bis hin zum winzigsten Staubkorn der Schöpfung. Viṣṇu stützt die Wohnstätte der Götter und verhindert deren Erschütterung. Er macht drei Schritte (das bezieht sich auf die drei Schritte, die Viṣṇu in seiner Inkarnation als Vāmana (Zwerg) gemacht hat, bzw. auf die drei, die die Sonne am Himmel im Verlauf des Tages macht, oder auch auf die Gestalt Viṣṇus als Agni, Vāyu und Sūrya als der glorreiche, verherrlichte Eine.

O Du, der Du Gegenstand von yajña (Feueropfer) bist, der du Vorder- und Rückseite der Gestalt Viṣṇus in Form eines Feueropfers bist, Du, der sein Mund und seine Glieder bist. Du bist die standhafte Stütze. Du bist wahrhaft Viṣṇu. Ich verbeuge mich vor Dir.

oṃ śāntiḥ śāntiḥ śāntiḥ //

694. Śrī-sūkta

Das Śrī-sūkta ist eine vedische Hymne zur Anrufung von Lakṣmī. Lakṣmī ist die Göttin von Wohlstand, Gedeihen und Schönheit, die alle Wünsche erfüllt. Das sūkta wird rezitiert, um den Segen der Göttlichen Mutter auf allen Ebenen des Lebens zu erfahren.

**hiraṇya-varṇāṃ hariṇīṃ '
suvarṇa-rajata-srajām /
candrāṃ hiraṇ-mayīṃ lakṣmīṃ '
jātavedo ma ā vaha // 1 //**

**tāṃ ma ā vaha jātavedo '
lakṣmīm anapagāminīm /
yasyāṃ hiraṇyaṃ vindeyaṃ '
gām aśvaṃ puruṣān aham // 2 //**

**aśva-pūrvāṃ ratha-madhyāṃ '
hasti-nāda-prabodhinīm /
śriyaṃ devīm upa hvaye '
śrīr mā devī juṣatām // 3 //**

**kāṃso 'smi tāṃ hiraṇya-prākārām '
ārdrāṃ jvalantīṃ tṛptāṃ
tarpayantīm /
padme sthitāṃ padma-varṇāṃ '
tām ihopa hvaye śriyam // 4 //**

**candrāṃ prabhāsāṃ yaśasā
jvalantīṃ śriyalloke
deva-juṣṭām udārām /
tāṃ padminīm īṃ śaraṇam
ahaṃ pra padye
(a)lakṣmīr me naśyatāṃ
tvāṃ vṛṇe // 5 //**

**āditya-varṇe tapaso 'dhi jāto '
vanas-patis tava vṛkṣo 'tha bilvaḥ /
tasya phalāni tapasā nudantu '
māyāntarā yāś ca bāhyā alakṣmīḥ // 6 //**

**upaitu māṃ deva-sakhaḥ '
kīrtiś ca maṇinā saha /
prādur-bhūto 'smi rāṣṭre 'smin '
kīrtim ṛddhiṃ dadātu me // 7 //**

**kṣut-pipāsā-malāṃ jyeṣṭhām '
alakṣmīṃ nāśayāmy aham /
abhūtim asamṛddhiṃ ca '
sarvān nir ṇuda me gṛhāt // 8 //**

**gandha-dvārāṃ durādharṣāṃ '
nitya-puṣṭāṃ karīṣiṇīm /
īśvarī(gu)ṃ sarva-bhūtānāṃ '
tām ihopa hvaye śriyam // 9 //**

manasaḥ kāmam ākūtiṃ '
vācaḥ satyam aśīmahi /
paśūnāṃ rūpam annasya '
mayi śrīḥ śrayatāṃ yaśaḥ // 10 //

kardamena prajā bhūtā '
mayi sambhava kardama /
śriyaṃ vāsaya me kule '
mātaraṃ padma-mālinīm // 11 //

āpaḥ sṛjantu snigdhāni '
ciklīta vasa me gṛhe /
ni ca devīṃ mātaraṃ '
śriyaṃ vāsaya me kule // 12 //

ārdrāṃ puṣkariṇīṃ puṣṭiṃ '
piṅgalāṃ padma-mālinīm /
candrāṃ hiraṇ-mayīṃ lakṣmīṃ '
jātavedo ma ā vaha // 13 //

ārdrāṃ yaḥ-kariṇīṃ yaṣṭiṃ '
suvarṇāṃ hema-mālinīm /
sūryāṃ hiraṇ-mayīṃ lakṣmīṃ '
jātavedo ma ā vaha // 14 //

tāṃ ma ā vaha jātavedo '
lakṣmīm an apa gāminīm /
yasyāṃ hiraṇyaṃ prabhūtaṃ
gāvo dāsyo 'śvān vindeyaṃ
puruṣān aham // 15 //

yaḥ śuciḥ prayato bhūtvā '
juhuyād ājyam anv aham /
sūktaṃ pañca-daśarcaṃ ca '
śrī-kāmaḥ satataṃ japet // 16 //

padmānane padma-ūrū '
padmākṣī padma-sambhave /
tan me bhajasi padmākṣī '
yena saukhyaṃ labhāmy aham // 17 //

aśva-dāyī go-dāyī '
dhana-dāyī mahādhane /
dhanaṃ me juṣatāṃ devi '
sarva-kāmāṃś ca dehi me // 18 //

padmānane padmavi padma-patre '
padma-priye padma-dalāyatākṣi /
viśva-priye viśva-mano 'nukūle '
tvat-pāda-padmaṃ mayi
saṃ ni dhatsva // 19 //

putra-pautra-dhanaṃ dhānyaṃ '
hasty-aśvādi-gave ratham /
prajānāṃ bhavasi mātā '
āyuṣmantaṃ karotu me // 20 //

dhanam agnir dhanaṃ vāyur '
dhanaṃ sūryo dhanaṃ vasuḥ /
dhanam indro bṛhaspatir '
varuṇaṃ dhanam astu me // 21 //

vainateya somaṃ piba '
somaṃ pibatu vṛtra-hā /
somaṃ dhanasya somino '
mahyaṃ dadātu sominaḥ // 22 //

na krodho na ca mātsaryaṃ '
na lobho nāśubhā matiḥ /
bhavanti kṛta-puṇyānāṃ '
bhaktānāṃ śrī-sūktaṃ japet // 23 //

sarasija-nilaye saroja-haste
dhavalatarāṃśuka-
gandha-mālya-śobhe /
bhagavati hari-vallabhe mano-jñe
tri-bhuvana-bhūti-kari
pra sīda mahyam // 24 //

viṣṇu-patnīṃ kṣamāṃ devīṃ '
mādhavīṃ mādhava-priyām /
lakṣmīṃ priya-sakhīṃ devīṃ '
namāmy acyuta-vallabhām // 25 //

mahālakṣmī ca vidmahe '
viṣṇu-patnī ca dhīmahi /
tan no lakṣmīḥ pra codayāt // 26 //

śrī-varcasvam āyuṣyam ārogyam
āvidhāc chobhamānaṃ mahīyate /
dhānyaṃ dhanaṃ paśuṃ bahu-
putra-lābhaṃ śata-saṃvatsaraṃ
dīrgham āyuḥ // 27 //

padma-priye padmini padma-haste '
padmālaye padma-dalāyatākṣi /
viśva-priye viṣṇu-mano 'nukūle '
tvat-pāda-padmaṃ mayi
sannidhatsva // 28 //

śriye jātaḥ śriya ā nir [i]yāya '
śriyaṃ vayo janitṛbhyo dadhātu /
śriyaṃ vasānā amṛtatvam āyan '
bhajanti sadyaḥ savitā vidadhyūn // 29 //

śriya evainaṃ tac-chriyām ā dadhāti /
santatam ṛcā vaṣaṭ-kṛtyaṃ sandhattaṃ /
san dhīyate prajayā paśubhiḥ /
ya evaṃ veda // 30 //

om

mahādevyai ca vidmahe '
viṣṇu-patnyai ca dhīmahi /
tan no lakṣmīḥ pracodayāt // 31 //

oṃ śāntiḥ śāntiḥ śāntiḥ // 32 //

695. Śani-stotra

Anrufung des Saturn

oṃ śrī-gaṇeśāya namaḥ /
asya śrī-śanaiścara-stotrasya
daśaratha ṛṣiḥ /
śanaiścaro devatā /
triṣṭup chandaḥ /
śanaiścara-prīty-arthe jape viniyogaḥ //

daśaratha uvāca //

Om. Der ṛṣi, Seher, des Śani-stotra ist Daśaratha. Śanaiścara ist der Aspekt Gottes (auf den sich die Hymne bezieht). Triṣṭup ist das Versmaß. Die Wiederholung dient der Besänftigung von Śanaiścara (Saturn).

koṇo 'ntako raudra-yamo 'tha babhruḥ '
kṛṣṇaḥ śaniḥ piṅgala-manda-sauriḥ /
nityaṃ smṛto yo harate ca pīḍāṃ '
tasmai namaḥ śrī-ravi-nandanāya // 1 //

Ich verneige mich vor dem Sohn der Sonne (Saturn), der, wenn man sich ständig an ihn erinnert (als der, dessen 10 Namen in den ersten Zeilen des obigen Verses aufgeführt sind), alles Unglück (des Verehrers) wegnimmt.

surāsurāḥ kiṃpuruṣoragendrā '
gandharva-vidyā-dhara-panna-gāś ca /
pīḍyanti sarve viṣama-sthitena '
tasmai namaḥ śrī-ravi-nandanāya // 2 //

Ich verbeuge mich vor dem Sohn der Sonne, durch dessen ungünstigen Stand Götter, Dämonen, himmlische Wesen, himmlische Musikanten, himmlische Weisheitsmeister und selbst himmlische Schlangen verschiedenen Leiden unterliegen.

narā narendrāḥ paśavo mṛgendrā '
vanyāś ca ye kīṭa-pataṅga-bhṛṅgāḥ /
pīḍyanti sarve viṣama-sthitena '
tasmai namaḥ śrī-ravi-nandanāya // 3 //

Ich verbeuge mich vor dem Sohn der Sonne, der, wenn er ungünstig steht, sowohl gewöhnlichen Menschen als auch Kaisern, kleinen und großen Tieren, Wesen des Waldes, Insekten, Fliegen und Bienen (ungeachtet ihres Ranges) große Qualen bringt.

deśāś ca durgāṇi vanāni yatra '
senā-niveśāḥ pura-pattanāni /

pīḍyanti sarve viṣama-sthitena '
tasmai namaḥ śrī-ravi-nandanāya // 4 //

Ich verbeuge mich vor dem Sohn der Sonne, der, wenn er ungünstig steht, Ländern, Festungen, Wäldern, Kriegslagern, Behausungen und Stätten Unheil bringt.

tilair yavair māṣa-guḍānna-dānair '
lohena nīlāmbara-dānato vā /
prīṇāti mantrair nija-vāsare ca '
tasmai namaḥ śrī-ravi-nandanāya // 5 //

Ich verneige mich vor diesem Sohn der Sonne, der friedlich gestimmt wird, wenn man aus Wohltätigkeit verschiedene Esswaren spendet und Mantras an dem ihm geweihten Tag (Samstag) rezitiert.

prayāga-kūle yamunā-taṭe ca '
sarasvatī-puṇya-jale guhāyām /
yo yogināṃ dhyāna-gato 'pi sūkṣmas '
tasmai namaḥ śrī-ravi-nandanāya // 6 //

Ich verneige mich vor jenem Sohn der Sonne, der in subtiler Form vor den yogīs erscheint, die am Ufer des Zusammenflusses zweier Ströme (Yamunā und Sarasvatī) oder in einer Höhle auf ihn meditieren.

anya-pradeśāt sva-gṛhaṃ praviṣṭas '
tadīya-vāre sa naraḥ sukhī syāt /
gṛhād gato yo na punaḥ prayāti '
tasmai namaḥ śrī-ravi-nandanāya // 7 //

Ich verneige mich vor dem Sohn der Sonne, der Glück bringt, wenn er in sein eigenes Haus (seine eigene Sternenkonstellation) eintritt; jedoch, wenn er diese Konstellation verlässt, kehrt er lange nicht mehr dorthin zurück.

sraṣṭā svayam-bhūr bhuvana-trayasya '
trātā harīśo harate pinākī /
ekas tridhā ṛg-yajuḥ-sāma-mūrtis '
tasmai namaḥ śrī-ravi-nandanāya // 8 //

Ich verneige mich vor dem Sohn der Sonne, dem Schöpfer der drei Welten, dem sich selbst manifestierenden Wesen. Er ist Hari, der Beschützer und Pinākin (Śiva, der Träger des pināka, des Dreizacks) und der Zerstörer in einem. Er ist auch die Verkörperung des Ṛg-, Yajur- und Sāma-veda.

śany-aṣṭakaṃ yaḥ prayataḥ prabhāte '
nityaṃ su-putraiḥ paśu-bāndhavaiś ca /
paṭhet tu saukhyaṃ bhuvi bhoga-yuktaḥ
prāpnoti nirvāṇa-padaṃ tad-ante // 9 //

Wer den Geist beherrscht und die obigen Verse regelmässig früh am Morgen rezitiert, wird gesegnet mit vornehmen Söhnen, guten Freunden und Verwandten, Vieh (Reichtum) und Glück auf dieser Erde und erreicht schliesslich nirvāṇa.

koṇasthaḥ piṅgalo babhruḥ '
kṛṣṇo raudro 'ntako yamaḥ /
sauriḥ śanaiścaro mandaḥ '
pippalādena saṃstutaḥ // 10 //

So (mit den Namen der drei ersten Zeilen) preist Dich Pippalāda.

etāni daśa nāmāni '
prātar utthāya yaḥ paṭhet /
śanaiścara-kṛtā pīḍā '
na kadācid bhaviṣyati // 11 //

hariḥ oṃ śāntiḥ śāntiḥ śāntiḥ

Wer diese zehn Namen früh morgens rezitiert, wird niemals unter Unglück leiden, das von Saturn verursacht sein könnte.

696. Patañjali-mantras

yogena cittasya padena vācāṃ '
malaṃ śarīrasya ca vaidyakena /
yo 'pākarot taṃ pravaraṃ munīnāṃ '
patañjaliṃ prāñjalir ānato 'smi // 1 //

ābāhu-puruṣākāraṃ '
śaṅkha-cakrāsi-dhāriṇam /
sahasra-śirasaṃ śvetaṃ '
praṇamāmi patañjalim // 2 //

697. Haṭhayogapradīpikā-guruparamparā

(Lehrer-Tradition der Haṭhayogapradīpikā)

śrī ādi nāthāya namo'stu tasmai '
yenopadiṣṭā haṭha-yoga-vidyā /
vibhrājate pronnata-rāja-yogam
āroḍhum icchor adhirohiṇīva // 1 //

praṇamya śrī-guruṃ nāthaṃ '
svātmārāmeṇa yoginā /
kevalaṃ rāja-yogāya '
haṭha-vidyopadiśyate // 2 //

śrī ādi nātha-matsyendra-
śābarānanda-bhairavāḥ /
cauraṅgī-mīna-gorakṣa-
virūpākṣa-bileśayāḥ // 5 //

manthāno bhairavo yogī '
siddhir buddhaś ca kanthaḍiḥ /
koraṇṭakaḥ surānandaḥ '
siddhapādaś ca carpaṭiḥ // 6 //

kānerī pūjyapādaś ca '
nityanātho nirañjanaḥ /
kapālī bindunāthaś ca '
kākacaṇḍīśvarāhvayaḥ // 7 //

allāmaḥ prabhudevaś ca '
ghoḍācolī ca ṭiṇṭiṇiḥ /
bhānukī nāradevaś ca '
khaṇḍaḥ kāpālikas tathā // 8 //

ity-ādayo mahāsiddhā '
haṭhayoga-prabhāvataḥ /
khaṇḍayitvā kāla-daṇḍaṃ '
brahmāṇḍe vicaranti te // 9 //

699. MANTRAS FÜR DIE MEDITATION UND MANTRA-WEIHE

Sanskrit ist die uralte, heilige Sprache der Mantras. Sanskrit besteht aus Urklängen, die den eigentlichen Schwingungen eines Objektes oder einer Handlung entsprechen. Beispielsweise bedeutet in den meisten Sprachen „Ma" oder eine Variation davon „Mutter". Dies ist der Klang, mit dem das Kind natürlicherweise seine Mutter ruft. Da die Sanskrit-Worte die tatsächlichen Klang-Manifestationen sind, benutzen wir sie für Meditation (*japa*) und zum Singen (*kīrtan*). Manche Mantras können übersetzt werden, aber ihre Übersetzungen haben nicht die gleiche Kraft.

Klang besteht aus Schwingungen und ist Energie. Ein Sanskrit-Mantra ist mystische Energie, die in einer Klangstruktur eingeschlossen ist. Um diese Energie zu aktivieren, wiederholen wir den Mantra mit einem bestimmten Rhythmus. Wenn man den Mantra wiederholt, entsteht eine entsprechende Schwingung im Geist, die Energie manifestiert sich.

Name und Form sind wie zwei Seiten derselben Münze. Man kann nicht das eine ohne das andere haben. Wenn man einen bestimmten Namen wiederholt, kommt einem die Form in den Geist. Wenn man einen Mantra wiederholt, kommt einem die betreffende Form in den Geist. Selbst wenn man die mit dem Mantra verbundene Form bewusst nicht kennt, entsteht dennoch ein spezifisches Gedankenmuster im Geist.

Die durch Mantras geschaffenen Gedankenmuster sind positiv, nützlich und beruhigend.

Es gibt verschiedene Klangebenen, laut und geistig. Die geistige ist wirkungsvoller. Niemand hat sich hingesetzt, um Mantras aufzuschreiben, wie man Lieder komponieren würde. Mantras sind Energien, die schon immer im Universum existiert haben. Sie können nicht erfunden oder vernichtet werden. Sie wurden von selbstverwirklichten Weisen (*ṛṣis*) im überbewussten Zustand entdeckt und weitergereicht. Die Wissenschaft der Mantras ist sehr exakt. Es ist wichtig, dass man die Mantras korrekt ausspricht.

Auch auf der physischen Ebene kann man viel von der Mantra-Wiederholung (*japa*) profitieren. Die verschiedenen Organe und Zellen des Körpers werden entspannt und energetisiert. Gifte werden aus dem Körper entfernt und das Nervensystem entspannt sich. Die niedrigeren Emotionen wie Ärger, Gier, Hass und Eifersucht werden aufgelöst und durch reine Eigenschaften wie Liebe, Freude und Mitgefühl ersetzt.

Arten von Mantras:

Nirguṇa-mantras

Abstrakt, formlos, eigenschaftslos.

Saguṇa-mantras

Mantras mit Eigenschaften und Form. Da ihnen ein bestimmter Aspekt Gottes entspricht, werden sie auch *iṣṭa-mantras* oder Gottheiten-Mantra genannt. Für die meisten Menschen ist es leichter, eine Beziehung zu einem Gottheiten-Mantra zu entwickeln.

Die Gottheiten symbolisieren die verschiedenen Aspekte des einen Gottes. Das reine Selbst, die Seele, ātman, ist ohne Namen und ohne Form. Aber da wir uns als sterblich und begrenzt empfinden und nur kurze Aufmerksamkeitsspannen haben, ist es normalerweise zu schwer, mit einem abstrakten Mantra zu meditieren. Daher suchen wir uns einen Aspekt aus, der zu uns passt und mit dem wir mittels der Meditation eine Beziehung herstellen können.

Bīja-mantras

Einsilbige Wurzel- oder Samen-Mantras. Nur mit ausdrücklicher Anleitung des Lehrers zu wiederholen.

Andere Mantras

Insbesondere Mantras in anderen Sprachen wie Halleluja, Kyrie Eleison, Christe Eleison, Herr Jesus Christus erbarme dich unser, etc.

Saguṇa-mantras

(Mantras mit Eigenschaften)

Männliche Aspekte

699.1. Śiva:

oṃ namaḥ śivāya

Śiva repräsentiert die universelle Kraft der Zerstörung, in der alles Sein endet und mit der es wieder beginnt. Er repräsentiert damit die Transformation unserer niederen Natur in göttliche Energie. Er wird oft dargestellt als *yogī* in Meditation mit einem Dreizack in der Hand, mit Schlangen um den Hals, etc. Die Schlangen repräsentieren die niederen Kräfte, die uns normalerweise bedrohen. Wenn sie durch die Yogapraxis sublimiert sind, werden sie ungefährlich und dienen dem *yogī* als Schmuck. Dieser Mantra ist besonders geeignet für eher introvertierte Menschen, die sich zur Meditation in der Einsamkeit hingezogen fühlen.

699.2 Viṣṇu:

oṃ namo nārāyaṇāya

In der Mythologie ist Viṣṇu der Erhalter des Universums. Er repräsentiert die Kräfte von Güte, Gerechtigkeit und Barmherzigkeit. Er symbolisiert die alldurchdringende Kraft, welche das Universum und die kosmische Ordnung erhält.

Dieser Mantra ist besonders geeignet für Menschen, die den Zustand der Welt verbessern wollen, eine beschützende, helfende Natur haben und bereit sind, Verantwortung zu übernehmen.

699.3 Rāma:

oṃ śrī-rāmāya namaḥ

In der Mythologie ist Rāma die 7. Inkarnation Viṣṇus. Seine Aufgabe ist es, Gerechtigkeit in der Welt wiederherzustellen. Rāma wird stets mit seinem Bogen (mit dem er die Guten beschützt und die Dämonen vernichtet) dargestellt. Neben ihm stehen oft seine Gemahlin Sītā und sein Verehrer Hanumān (der Affengeneral, welcher den menschlichen Geist repräsentiert, der durch Hingabe zu Gott und Mantra-Wiederholung unter Kontrolle gebracht werden kann). Rāma lehrt durch sein persönliches Beispiel, wie man ein ideales Leben in der Welt leben kann. Das Epos *Rāmāyaṇa* des Weisen Vālmīki ist die Geschichte der Inkarnation Rāmas auf der Erde. Dieser Mantra ist besonders geeignet für Menschen, die sich über ihr Leben in Familie, Arbeit und Gesellschaft spiritualisieren wollen und sich sehr hohe ethische Ideale setzen.

699.4 Kṛṣṇa:

oṃ namo bhagavate vāsudevāya

In der Mythologie ist Kṛṣṇa die 8. Inkarnation Viṣṇus. Sein Ziel war es, Gerechtigkeit wiederherzustellen. Kṛṣṇa repräsentiert Freude, Heiterkeit und das Sehen von Gott in Allem. Er ist auch der Lehrer in *Bhagavad-Gītā*. Dieser Mantra ist besonders geeignet für lebensfrohe Menschen.

699.5 Hanumān:

oṃ śrī-hanumate namaḥ

Als Verehrer und Diener Rāmas gilt Hanumān als Verkörperung von hingebungsvollem Dienen, grenzenloser Loyalität und übermenschlicher Kraft. Aufgrund seines grenzenlosen Vertrauens und seines festen Glaubens an Rāma konnte er Berge versetzen und Unmögliches möglich machen.

Der Mantra ist daher besonders für Menschen geeignet, die sich zum *bhakti-yoga* und zum selbstlosen Dienen hingezogen fühlen. Hanumān führt dich über Glauben und Dienen zur höchsten Verwirklichung.

699.6 Gaṇeśa:

oṃ gaṃ gaṇapataye namaḥ

Gaṇeśa heißt wörtlich „Herr der Heerscharen (Śivas)“ – er hilft, alle Hindernisse aus dem Weg zu räumen für einen immer wieder neuen, guten Anfang. Er verkörpert auch die höchste Weisheit. Wer diesen Mantra wiederholt, kann spüren, dass er immer die Kraft hat, zu tun, was nötig ist und dass die Gaṇeśa-Energie als Lichtenergie in diese Welt durch ihn hindurch strömen will. Er sieht alles in der Welt als Aufgabe von Gaṇeśa, an der er wächst. Gaṇeśa will ihn zur höchsten Weisheit, Erkenntnis und Verwirklichung führen.

699.7 Subrahmaṇya:

oṃ śaravaṇabhavāya namaḥ

Subrahmaṇya, oder auch Śaravaṇabhavā, hat eine Beschützerfunktion und wird auf Abbildungen jung und siegessicher dargestellt. Er gilt auch als Heerführer der Götter, steht für das Voranschreiten. Wenn Schwierigkeiten auftauchen, gilt es, nicht zu kapitulieren, sondern weiter- und fortzuschreiten.

699.8 Viṣṇu, Kṛṣṇa, Rāma – Mahā-mantra:

hare rāma hare rāma '
rāma rāma hare hare /
hare kṛṣṇa hare kṛṣṇa '
kṛṣṇa kṛṣṇa hare hare //

Mit dem *Mahā-mantra* kann man besonders Lebensfreude und Hingabe entwickeln. Er führt zu einer starken Herzensöffnung und hilft, den Alltag mit mehr Leichtigkeit zu bewältigen. Es heißt, dass man mit Hilfe dieses Mantras im gegenwärtigen Zeitalter am schnellsten die Verwirklichung erreichen kann. Er eignet sich besonders für Menschen, die eine starke Hingabe haben und für solche, die den Aspekt des Dienens, des Sich-Einsetzens für andere mit Freude verbinden.

699.9 Swami Sivananda:

oṃ namo bhagavate śivānandāya

Damit ruft man die Energie des Yogameisters und selbstverwirklichten Heiligen Swami Sivananda an.

Der Mantra eignet sich für alle, die sich zu

Swami Sivananda als Lehrer besonders hingezogen fühlen und sich von ihm führen und segnen lassen wollen.

Weibliche Aspekte

699.10 Durgā:
oṃ śrī-durgāyai namaḥ

Durgā verkörpert die Energien des gesamten Universums. Sie wird auf einem Löwen oder Tiger reitend dargestellt, mit verschiedenen Waffen in den Händen. Sie steht ihren Verehrern tatkräftig zur Seite und fördert ihre Entwicklung. Durgā ist Schöpferin und Mutter der ganzen Welt. Dieser Mantra ist besonders für Menschen geeignet, die das Göttliche als Mutter und Beschützerin betrachten oder selbst ein mütterliches Temperament haben.

699.11 Sarasvatī:
om aiṃ sarasvatyai namaḥ

In der Mythologie ist Sarasvatī die Göttin von Beredsamkeit, Weisheit, Gelehrsamkeit, Musik und schönen Künsten. Sie wird mit einem weißen *sārī* (indisches Gewand) und mit der *vīṇā* (Saiteninstrument) dargestellt und schaut sehr ruhig und friedlich. Sie ist die Gemahlin von Brahmā, dem Schöpfer. Künstlerische und kreative Menschen werden gewöhnlich von diesem Mantra angezogen.

699.12 Lakṣmī:
oṃ śrī-mahālakṣmyai namaḥ

Lakṣmī ist die Göttin von Schönheit, Fülle und Reichtum. Wie eine Mutter gibt sie alles, was die Lebewesen auf der Erde brauchen. Auf der spirituellen Ebene repräsentiert sie die Ansammlung von positiven Charaktereigenschaften sowie von *prāṇa*. Sie ist die Gemahlin von Viṣṇu, dem Erhalter. Dieser Mantra ist besonders für Menschen geeignet, die Gott (die Göttin) auch in der Schönheit des manifesten Universums sehen.

699.13 Kālī:
oṃ śrī-mahākālikāyai namaḥ

Kālī, die schwarze Göttin, erscheint furchterregend, aber ist sanft und freundlich zu ihren VerehrerInnen. Sie verlangt aber absolute Hingabe. Dieser Mantra ist nur für eine kleine Minderheit geeignet.

Nirguṇa-mantras

(Abstrakte Mantras)

699.14 Om

Dies ist der ursprüngliche Mantra. In der Bibel heißt es „Im Anfang war das Wort und das Wort war bei Gott und das Wort war Gott". Dieses Wort ist *om*, der Urklang, aus dem alle anderen Klänge hervorgehen. *Om* besteht eigentlich aus 3 Buchstaben: A U M. *Om* repräsentiert alle Trinitäten und das, was sie transzendiert: Schöpfung-Erhaltung-Zerstörung, Vergangenheit-Gegenwart-Zukunft, physischer Köper-Astralkörper-Kausalkörper usw. *Om* steht daher für die alles umfassende Einheit, das kosmische Bewusstsein, das mit Allem verschmilzt.

699.15 So 'ham

„Ich bin er". Ich bin weder Körper noch Geist. Ich bin das unsterbliche Selbst.

Mantras mit Saguṇa- und Nirguṇa-Aspekt

699.16 Mahāmṛtyuñjaya-mantra:

oṃ
tryambakaṃ yajāmahe '
sugandhiṃ puṣṭi-vardhanam /
urvārukam iva bandhanān '
mṛtyor mukṣīya māmṛtāt //

Heil- und Segens-Mantra, der gleichzeitig auch zur Befreiung führt.

699.17 Gāyatrī-mantra:

oṃ bhūr bhuvaḥ svaḥ /
tat savitur vareṇyaṃ '
bhargo devasya dhīmahi /
dhiyo yo naḥ pracodayāt //

Für Menschen, die einen Zugang zum Göttlichen am leichtesten in Form von Licht, Lichtkraft, reiner Intelligenz haben.

699.18 Navākṣari-śakti-mantra:

om aiṃ hrīṃ klīṃ
cāmuṇḍāyai vicce namaḥ //

Ein sehr machtvoller Mantra mit den *bījas* der verschiedenen kosmischen Energie-Aspekte wie Sarasvatī, Durgā, Lakṣmī.

In diesen Mantra kann nur eingeweiht werden, wenn die bzw. der Einzuweihende verspricht, sich strikt an einen sattwigen Lebensstil zu halten, dauerhaft auf Fleisch, Fisch, Alkohol, Drogen, Nikotin zu verzichten und täglich *āsanas* und *prāṇāyama* zu praktizieren.

ANLEITUNG FÜR JAPA

(Wiederholung des Mantras)

Um die volle Wirkung zu entfalten, sollte der Mantra jeden Tag mindestens 20-40 Minuten in der Meditation wiederholt werden. Man sollte sich dazu entspannt und bewegungslos in einer Stellung mit gekreuzten Beinen und geradem Rücken hinsetzen. Man kann den Mantra geistig oder laut wiederholen. Geistig ist es wirkungsvoller, jedoch kann lautes Wiederholen gerade am Anfang für die korrekte Aussprache hilfreich sein. Auch wenn der Geist schläfrig wird, kann man zu lautem Wiederholen übergehen.

Eine Hilfe für die Konzentration kann das Meditieren mit einer *japa-mālā* sein. Sie ist dem Rosenkranz ähnlich und hat 108 Perlen. Eine große Perle (*meru-maṇi*) symbolisiert das Absolute (*brahman*).

Zusätzlich zur Meditation kann man den Mantra auch den ganzen Tag wiederholen, wenn der Geist nicht mit etwas Anderem beschäftigt ist. Auf diese Weise können wir jede Minute für unseren spirituellen Fortschritt nutzen. Man kann den Mantra auch schreiben (*likhita-japa*).

Swami Sivananda

MANTRA-WEIHE

(Mantra-dīkṣā)

Wenn man die richtige Aussprache kennt, kann man sich einen Mantra aussuchen und damit meditieren. Um jedoch die richtige Aussprache zu lernen, die Kraft des Mantras zu aktivieren und zum Schwingen zu bringen, kann die Mantra-Weihe hilfreich sein.

In Indien erhält man die Mantra-Weihe normalerweise persönlich von seinem *guru*. Wo dies im Westen nicht möglich ist, kann man von jemandem eingeweiht werden, der seit Jahren Mantras selbst wiederholt und das Ritual erlernt hat.

Man sollte sich auf die Mantra-Weihe vorbereiten: Am besten duscht oder badet man vorher und zieht saubere, vorzugsweise weiße Kleidung an. Traditionellerweise bringt man Obst, Blumen und eine Geldspende (im Umschlag; sollte in der Höhe so bemessen sein, dass es ausdrückt, dass der Mantra einen großen Wert darstellt) für den Einweihenden mit. Die Einweihung selbst ist bei uns ein kleines Ritual, in welchem mit Mantras die Energie Swami Sivanandas angerufen wird, mit Pulvern heiliger Pflanzen das 3. Auge stimuliert wird, der Mantra erklärt wird und in lauter und geistiger Wiederholung die Kraft des Mantras erweckt wird.

Die Mantra-Weihe ist wie das Entzünden eines Feuers. Wenn der Mantra nicht regelmäßig wiederholt wird, geht das spirituelle Feuer wieder aus. Wenn man dagegen den Mantra regelmäßig wiederholt, ist es, als ob man neues Holz auf sein spirituelles Feuer gibt, das so größer und größer wird.

Swami Sivananda im Lotossitz

BHAJANS

Bhajans sind besonders schöne, melodische, etwas längere Gesänge. Sie erscheinen anfangs etwas schwierig, sind jedoch eine gute Konzentrationsübung und erzeugen viel Freude im Herzen. Sie werden von Beginn an gemeinsam gesungen.

700. Prema-mudita

prema-mudita mana se kaho,
rāma rāma rām,
śrī rāma rāma rām,
śrī rāma rāma rām,
śrī rāma rāma rām // 1 //

Wiederhole den göttlichen Namen Rāma mit einem Geist erfüllt von Liebe und Freude.

pāpa kaṭe dukha miṭe,
leta rāma-nām,
bhava-samudra sukhada nāva,
eka rāma-nām,
śrī rāma rāma rām,
śrī rāma rāma rām,
śrī rāma rāma rām // 2 //

Durch Wiederholung Seines Namens werden Sünden und Elend ausgelöscht. Der Name Rāmas ist das Boot, um den Ozean aus Saṃsāra zu überwinden.

parama-śānti sukha-nidhāna,
divya rāma-nām,
nirādhāra ko ādhāra,
eka rāma-nām,
śrī rāma rāma rām,
śrī rāma rāma rām,
śrī rāma rāma rām // 3 //

Der göttliche Name Rāma ist Sitz von höchster Wonne und höchstem Frieden. Rām-nām ist die einzige Unterstützung der Hilflosen.

parama gopya parama iṣṭa-
mantra rāma-nām,
santa-hṛdaya sadā basata,
eka rāma-nām,
śrī rāma rāma rām,
śrī rāma rāma rām,
śrī rāma rāma rām // 4 //

Rām-nām ist der geheimste und fruchtbarste aller Mantras. Rāma wohnt immer in den Herzen der Weisen.

mahādeva satata japata,
divya rāma-nām,
kāśī marata mukti karata,
kahata rāma-nām,
śrī rāma rāma rām,
śrī rāma rāma rām,
śrī rāma rāma rām // 5 //

Mahādeva (Gott Śiva) singt immer den göttlichen Namen Rāma. Gott Śiva gewährt denen, die den Namen Gottes wiederholen, Befreiung [kāśī marata: wenn man in Kāśī stirbt].

māta-pitā bandhu sakhā
saba hī rāma-nām,
bhakta-janana jīvana-dhana,
eka rāma-nām,
śrī rāma rāma rām,
śrī rāma rāma rām,
śrī rāma rāma rām // 6 //

Rām-nām ist Mutter, Vater, Verwandter, Freund, alles in allem. Rām-nām ist der Schatz im Leben eines Frommen.

prema-mudita mana se kaho,
rāma rāma rām,
śrī rāma rāma rām,
śrī rāma rāma rām,
śrī rāma rāma rām // 7 //

701. Ādi-divya-jyoti

ādi-divya-jyoti
mahākālī-mā̃ namaḥ /
madhu-śumbha-mahiṣa-mardinī
mahāśaktaye namaḥ // 1 //

brahma-viṣṇu-śiva-svarūpa
tvaṃ na anyathā /
carācarasya pālikā namo
namaḥ sadā // 2 //

ādi-divya-jyoti
mahākālī-mā̃ namaḥ /
madhu-śumbha-mahiṣa-mardinī
mahāśaktaye namaḥ // 3 //

Verehrung der großen Mutter Kālī, die das erste im Universum leuchtende Licht ist. Wir neigen uns vor der großen Kraft und der Zerstörerin der Dämonen. Du bist die Energie hinter Brahmā, Viṣṇu und Śiva. Wir werfen uns vor Dir nieder, Beschützerin des Universums.

702. Liṅgāṣṭaka – brahma-murāri

brahma-murāri-surārcita-liṅgaṃ '
nirmala-bhāsita-śobhita-liṅgam /
janmaja-duḥkha-vināśaka-liṅgaṃ '
tat praṇamāmi sadāśiva-liṅgam // 1 //

deva-muni-pravarārcita-liṅgaṃ '
kāma-dahaṃ karuṇā-kara-liṅgam /
rāvaṇa-darpa-vināśana-liṅgaṃ '
tat praṇamāmi sadāśiva-liṅgam // 2 //

sarva-sugandhi-vilepita-liṅgaṃ '
buddhi-vivardhana-kāraṇa-liṅgam /
siddha-surāsura-vandita-liṅgaṃ '
tat praṇamāmi sadāśiva-liṅgam // 3 //

kanaka-mahāmaṇi-bhūṣita-liṅgaṃ '
phaṇi-pati-veṣṭita-śobhita-liṅgam /
dakṣa-suyajña-vināśana-liṅgaṃ '
tat praṇamāmi sadāśiva-liṅgam // 4 //

kuṅkuma-candana-lepita-liṅgaṃ '
paṅkaja-hāra-suśobhita-liṅgam /
sañcita-pāpa-vināśana-liṅgaṃ '
tat praṇamāmi sadāśiva-liṅgam // 5 //

deva-gaṇārcita-sevita-liṅgaṃ '
bhāvair bhaktibhir eva ca liṅgam /
dina-kara-koṭi-prabhākara-liṅgaṃ '
tat praṇamāmi sadāśiva-liṅgam // 6 //

aṣṭa-dalopari-veṣṭita-liṅgaṃ '
sarva-samudbhava-kāraṇa-liṅgam /
aṣṭa-daridra-vināśana-liṅgaṃ '
tat praṇamāmi sadāśiva-liṅgam // 7 //

sura-guru-sura-vara-pūjita-liṅgaṃ '
sura-vana-puṣpa-sadārcita-liṅgam
parāt-paraṃ paramātmaka-liṅgaṃ '
tat praṇamāmi sadāśiva-liṅgam // 8 //

liṅgāṣṭakam idaṃ puṇyaṃ '
yaḥ paṭhec chiva-sannidhau /
śiva-lokam avāpnoti '
śivena saha modate // 9 //

703. Nāma-rāmāyaṇa

śrī rām jay(a) rām jay(a) jay(a) rām

(kann öfter wiederholt werden)

1. śuddha-brahma-parāt-para rām
2. kālātmaka-parameśvara rām
3. śeṣa-talpa-sukha-nidrita rām
4. brahmādy-amara-prārthita rām
5. caṇḍa-kiraṇa-kula-maṇḍana rām
6. śrīmad-daśaratha-nandana rām
7. kauśalyā-sukha-vardhana rām
8. viśvāmitra-priya-dhana rām
9. ghora-tāṭakā-ghātaka rām
10. mārīcādi-nipātaka rām
11. kauśika-makha-saṃrakṣaka rām
12. śrīmad-ahalyoddhāraka rām
13. gautama-muni-sampūjita rām
14. sura-muni-vara-gaṇa-saṃstuta rām
15. nāvika-dhāvita-mṛdu-pada rām
16. mithilā-pura-jana-modaka rām
17. videha-mānasa-rañjaka rām
18. tryambaka-kārmuka-bhañjaka rām
19. sītārpita-vara-mālika rām
20. kṛta-vaivāhika-kautuka rām
21. bhārgava-darpa-vināśaka rām
22. śrīmad-ayodhyā-pālaka rām

Ggf. hier rezitieren:

śuddha-brahma-parāt-para rām,
kālātmaka-parameśvara rām

23. agaṇita-guṇa-gaṇa-bhūṣita rām
24. avanī-tanayā-kāmita rām
25. rākā-candra-samānana rām
26. pitṛ-vākyāśrita-kānana rām
27. priya-guha-vinivedita-pada rām
28. tat-kṣālita-nija-mṛdu-pada rām
29. bharadvāja-mukhānandaka rām
30. citra-kūṭādri-niketana rām
31. daśaratha-santata-cintita rām
32. kaikeyī-tanayārcita rām
33. viracita-nija-pitṛ-karmaka rām
34. bharatārpita-nija-pāduka rām

Ggf. hier rezitieren:

śuddha-brahma-parāt-para rām,
kālātmaka-parameśvara rām

35. daṇḍaka-vana-jana-pāvana rām
36. duṣṭa-virādha-vināśaka rām
37. śara-bhaṅga-sutīkṣṇārcita rām
38. agastyānugraha-vardhita rām
39. ghṛdhrādhipa-saṃsevita rām
40. pañcavaṭī-taṭa-susthita rām
41. śūrpaṇakhārti-vidhāyaka rām
42. khara-dūṣaṇa-mukha-sūdaka rām
43. sītā-priya-hariṇānuga rām
44. mārīcārtikṛd-āśuga rām
45. vinaṣṭa-sītānveṣaka rām
46. gṛdhrādhipa-gati-dāyaka rām
47. śabarī-datta-phalāśana rām
48. kabandha-bāhu-cchedaka rām

Ggf. hier rezitieren:

śuddha-brahma-parāt-para rām,
kālātmaka-parameśvara rām

49. hanumat-sevita-nija-pada rām
50. nata-sugrīvābhīṣṭa-da rām
51. garvita-vāli-saṃhāraka rām
52. vānara-dūta-preṣaka rām
53. hita-kara-lakṣmaṇa-saṃyuta rām
54. kapi-vara-santata-saṃsmṛta rām

Ggf. hier rezitieren:

śuddha-brahma-parāt-para rām,
kālātmaka-parameśvara rām

55. tad-gati-vighna-dhvaṃsaka rām
56. sītā-prāṇādhāraka rām
57. duṣṭa-daśānana-dūṣita rām
58. śiṣṭa-hanumad-bhūṣita rām
59. sītā-vedita-kākāvana rām
60. kṛta-cūḍā-maṇi-darśana rām
61. kapi-vara-vacanāśvāsita rām
62. rāvaṇa-nidhana-prasthita rām

Ggf. hier rezitieren:

śuddha-brahma-parāt-para rām,
kālātmaka-parameśvara rām

63. vānara-sainya-samāvṛta rām
64. śoṣita-sarid-īśārthita rām
65. bibhīṣaṇābhaya-dāyaka rām
66. parvata-setu-nibandhaka rām
67. kumbhakarṇa-śiraś-chedaka rām
68. rākṣasa-koṭi-vimardaka rām
69. ahi-mahi-rāvaṇa-māraka rām
70. saṃhṛta-daśamukha-rāvaṇa rām
71. vidhi-bhava-mukha-
sura-saṃstuta rām
72. kha-sthita-daśaratha-vīkṣita rām
73. sītā-darśana-modita rām
74. abhiṣikta-bibhīṣaṇa-nuta rām
75. puṣpaka-yānārohita rām
76. bharadvājādi-niṣevaṇa rām
77. bharata-prāṇa-priyakara rām
78. sāketa-purī-bhūṣaṇa rām
79. sakala-svīya-samāvṛta rām
80. ratna-lasat-pīṭhasthita rām
81. paṭṭābhiṣekālaṅkṛta rām
82. pārthiva-kula-sammānita rām
83. bibhīṣaṇārpita-rañjaka rām
84. kīśa-kulānugrahakara rām
85. sakala-jīva-saṃrakṣaka rām
86. samasta-lokoddhāraka rām

Hier wahlweise rezitieren:

śuddha-brahma-parāt-para rām,
kālātmaka-parameśvara rām

rāma rāma jaya rājā rām,
rāma rāma jaya sītā-rām

śrī rām jaya rām jaya jaya rām

87. āgata-muni-gaṇa-saṃstuta rām
88. visruta-daśa-kaṇṭhodbhava rām
89. sītāliṅgana-nivṛta rām
90. nīti-surakṣita-jana-pada rām
91. vipina-tyājita-janakajā rām
92. kārita-lavaṇāsura-vadha rām
93. svar-gata-śambūka-saṃstuta rām
94. sva-tanaya-kuśa-lava-nandita rām
95. aśvamedha-kratu-dīkṣita rām
96. kālāvedita-sura-pada rām
97. āyodhyaka-jana-muktida rām
98. vidhi-mukha-vibudhānandaka rām
99. tejo-maya-nija-rūpaka rām
100. saṃsṛti-bandha-vimocaka rām
101. dharma-sthāpana-tatpara rām

102. bhakti-parāyaṇa-muktida rām
103. sarva-carācara-pālaka rām
104. sarva-bhavāmaya-vāraka rām
105. vaikuṇṭhālaya-saṃsthita rām
106. nityānanda-pada-sthita rām
107. rāma rāma jaya rājā rām
108. rāma rāma jaya sītā-rām

Wahlweise zum Abschluss rezitieren:

śuddha-brahma-parāt-para rām,
kālātmaka-parameśvara rām

rāma rāma jaya rājā rām,
rāma rāma jaya sītā-rām

śrī rām jaya rām jaya jaya rām

ity aṣṭottara-śata-nāma-rāmāyaṇaṃ
samāptam

704. Jaya jagadīśa hare

oṃ jay(a) jagadīśa hare,
svāmī jay(a) jagadīśa hare /
bhakta janõ ke saṅkaṭa
(bhakta janõ ke saṅkaṭa)
kṣaṇa mẽ dūra kare /
oṃ jay(a) jagadīśa hare // 1 //

O Herr des Universums, Ruhm sei Dir. Du beseitigst die Schwierigkeiten Deiner Verehrer in einem Moment.

jo dhyāve phala pāve,
dukha vinase mana kā
(svāmī dukha vinase mana kā) /
sukha sampati ghara āve
(sukha sampati ghara āve)
kaṣṭa miṭe tana kā /
oṃ jay(a) jagadīśa hare // 2 //

Das Leid des Herzens derer, die Dich verehren, wird ausgelöscht, Glück und Wohlstand kommen ins Haus, körperliche Leiden verschwinden.

māta pitā tuma mere,
śaraṇa gahū̃ kisa kī
(svāmī śaraṇa gahū̃ kisa kī) /
tuma bina aura na dūjā
(tuma bina aura na dūjā)
āsa karū̃ jisa kī /
oṃ jay(a) jagadīśa hare // 3 //

Du bist Mutter und Vater für mich. Ich habe keine andere Zuflucht als Dich. Außer Dir gibt es niemanden, auf den ich Hoffnung setzen kann.

tuma pūraṇa paramātmā,
tuma antara-yāmī
(svāmī tuma antara-yāmī) /
pāra-brahma parameśvara
(pāra-brahma parameśvara)
tuma saba ke svāmī /
oṃ jay(a) jagadīśa hare // 4 //

Du bist das vollständige höchste Selbst und Du bist auch in meinem Herzen. Du bist das höchste brahman, der höchste Herr und der Herr aller Geschöpfe.

tuma karuṇā ke sāgara,
tuma pālana-kar(a)tā
(svāmī tuma pālana-kar[a]tā) /
maĩ mūrakha khala kāmī
(maĩ mūrakha khala kāmī)
kṛpā karo bhar(a)tā /
oṃ jay(a) jagadīśa hare // 5 //

Du bist ein Ozean des Mitleids, unser Beschützer. Ich bin unwissend und Sinnesobjekten verhaftet. Bitte gib mir Deine Gnade.

tuma ho eka agocara,
saba ke prāṇa-patī
(svāmī saba ke prāṇa-patī) /
kisa vidhi milū̃ dayāmaya
(kisa vidhi milū̃ dayāmaya)
tuma se mā̃ kumatī /
oṃ jay(a) jagadīśa hare // 6 //

Du bist der Unsichtbare, die göttliche Energie hinter allem. Wie soll ich unwissender Mensch Dir begegnen?

dīna-bandhu dukha-hartā,
tuma rakṣaka mere
(svāmī tuma rakṣaka mere) /
apane hātha uṭhāo
(apane hātha uṭhāo)
dvāra paṛā tere /
oṃ jay(a) jagadīśa hare // 7 //

Du nimmst meine Sorgen und Probleme weg. Du bist mein Beschützer. Ich neige mich demütig vor Dir, gib mir Deinen Segen.

viṣaya vikāra miṭāo,
pāpa haro devā
(svāmī pāpa haro devā) /
śraddhā bhakti baṛhāo
(śraddhā bhakti baṛhāo)
santana kī sevā /
oṃ jay(a) jagadīśa hare // 8 //

Beseitige alle meine niederen Impulse und negativen Emotionen. Verstärke meine Hingabe zu Dir und lass mich deinen Verehrern dienen.

jay(a) jagadīśa kī āratī,
jo koī nara gāve
(svāmī jo koī nara gāve) /
kahata śivānanda svāmī
(kahata śivānanda svāmī)
sukha sampatti pāve /
oṃ jay(a) jagadīśa hare // 9 //

Swami Sivananda sagt, wer die Jay-jagadīśa-āratī singt, der erlangt Glück und Erfüllung.

oṃ jay(a) jagadīśa hare (4x)
glory to the lord of
the universe (3x)
oṃ jay(a) jagadīśa hare
glory to the mother
of the universe (3x)
oṃ jay(a) jagadīśa hare

705. He prabho

he prabho ānanda-dātā
jñāna hama ko dījie /
śīghra sāre durguṇõ ko
dūra hama se kījie // 1 //

O Gott, der Du Wonne bringst, gib mir Weisheit. Nimm schnell meine schlechten Gewohnheiten ganz weit von mir.

lījie hama ko śaraṇa mẽ
hama sad-ācārī banẽ /
brahmacārī, dharma-rakṣaka,
vīra vrata-dhārī banẽ // 2 //

Nimm mich, der sich Dir ergibt in deinen Schutz. Mache mich zu jemandem mit guten Eigenschaften. Mögen wir gute Wahrheitssuchende werden, Spiritualität und Rechtschaffenheit beschützen. Mögen wir unsere guten Vorsätze in die Tat umsetzen.

he prabho ānanda-dātā
jñāna hama ko dījie /

prema se hama guru-janõ kī
nitya hī sevā karẽ /
satya bolẽ, jhūṭha tyāgẽ,
mela āpasa mẽ karẽ // 3 //

Lass mich meinem (meinen) spirituellen Lehrer(n) stets mit Liebe dienen. Lass mich stets die Wahrheit sprechen, die Unwahrheit ablehnen und Einigkeit mit den anderen üben.

he prabho ānanda-dātā
jñāna hama ko dījie /

nindā kisī kī hama kisī se
bhūla kara bhī na karẽ /
divya jīvana ho hamārā
terā yaśa gāyā karẽ // 4 //

Hilf mir, niemals Respektlosigkeit gegenüber irgend jemandem zu zeigen. Lass mein Leben ein göttliches Leben sein. Lass mich stets Deine Göttlichkeit besingen.

he prabho ānanda-dātā
jñāna hama ko dījie /

706. Hanumān cālīsā

bhaja lo jī hanumān,
bhaja lo jī hanumān

Dohā:

śrī-guru carana saroja raja,
nija manu mukuru sudhāri /
baranaū̃ raghu-bara bimala jasu,
jo dāyaku phala cāri // Ia //

Nachdem ich den Spiegel meines Geistes mit dem Staub von den Lotosfüßen des guru gereinigt habe, beschreibe ich Rāmas makellosen Ruhm, der alle vier Bestrebungen im Leben erfüllt: dharma (Pflichterfüllung), artha (Wohlstand, Erfolg), kāma (Sinnesbefriedigung) und mokṣa (Befreiung).

buddhi-hīna tanu jānike,
sumiraū̃ pavana-kumāra /
bala budhi bidyā dehu mohĩ,
harahu kalesa bikāra // Ib //

Erkennend, dass ich keinerlei Weisheit besitze, erinnere ich mich an den Sohn des Windgottes. Segne mich mit Stärke, Weisheit und Wissen und mache mich frei von Leiden und Unzulänglichkeiten.

Caupāī:

jaya hanumāna jñāna guna sāgara /
jaya kapīsa tihũ loka ujāgara // 1 //

Ruhm und Ehre Dir, o Hanumān, Du Ozean des Wissens und der Tugenden! Ehre dem Herrn der Affen, dem Erleuchter der drei Welten!

rāma dūta atulita bala dhāmā /
añjani-putra pavana-suta nāmā // 2 //

Du bist der Bote Ramas, der Inbegriff unvergleichlicher Macht und als Sohn Añjanis wirst Du auch Sohn des Windes genannt.

mahābīra bikrama bajaraṅgī /
kumati nivāra sumati ke saṅgī // 3 //

Du bist der große außergewöhnliche Held, strahlend wie ein Donnerkeil. Du nimmst schlechte Gedanken weg und bist Freund einer positiven Einstellung und der Weisheit.

kañcana barana birāja subesā /
kānana kuṇḍala kuñcita kesā // 4 //

Du strahlst golden, bist anziehend gekleidet, Ohrringe glänzen in Deinen Ohren und Dein Haar ist lockig.

hātha bajra au dhvajā birājai /
kā̃dhe mū̃ja janeū sāje // 5 //

In Deinen Händen blitzen der Donnerkeil und die Flagge. Über Deiner Schulter trägst Du die Heilige Schnur aus Muñja-Gras.

saṅkara-suvana kesarī-nandan(a) /
teja pratāpa mahā jaga bandan(a) // 6 //

O Sohn Śaṅkaras, Sohn Kesaris, auf der ganzen Welt wird die Großartigkeit Deines Ruhmes verehrt.

bidyāvāna gunī ati cātura /
rāma kāja karibe ko ātura // 7 //

Gelehrt, tugendhaft, überaus geschickt, bist Du immer eifrig bemüht, Rāmas Aufträge zu erfüllen.

prabhu caritra sunibe ko rasiyā /
rāma laṣana sītā mana basiyā // 8 //

Du freust Dich, die großartige Lebensgeschichte Rāmas zu hören. Rāma, Lakṣmaṇa und Sītā leben in Deinem Herzen.

sūkṣma rūpa dhari siyahĩ dikhāvā /
bikaṭa rūpa dhari laṅka jarāvā // 9 //

Du bist Sītā in subtiler Gestalt erschienen und hast in riesiger Gestalt Laṅka niedergebrannt.

bhīma rūpa dhari asura sãhāre /
rāmacandra ke kāja sãvāre // 10 //

Du hast die Dämonen getötet, indem Du riesige Formen angenommen hast. So hast Du Ramas Werk vollendet.

lāya sajīvana lakhana jiyāye /
śrī-raghubīra haraṣi ura lāye // 11 //

Als Du das lebensspendende Kraut Sañjīvanī gebracht und damit Lakṣmaṇa wiederbelebt hast, umarmte Dich Rāma voller Freude.

raghu-pati kīnhī bahuta baḍāī /
tuma mama priya bharatahi
sama bhāī // 12 //

Rāma hat Dich hoch gepriesen und gesagt: „Du bist mir so teuer wie mein Bruder Bharata".

sahasa badana tumharo jasa gāvaĩ /
asa kahi śrīpati kaṇṭha lagāvaĩ // 13 //

Rāma hat Dich herzlich umarmt und festgestellt, dass sogar Ādī-Śeṣha, die tausendköpfige Weltenschlange, Deinen Ruhm singt.

sanakādika brahmādi munīsā /
nārada sārada sahita ahīsā // 14 //

Dein Ruhm wird auch beständig gesungen von den Weisen wie Sanaka und anderen, Göttern wie Brahmā, dem großen ṛṣi Nārada und der Göttin Sarasvatī.

jama kubera diga-pāla jahā̃ te /
kabi kobida kahi sake kahā̃ te // 15 //

Yama, der Todesgott, Kubera, der Gott des Reichtums und die dikpālakas, die Wächter der Himmelsrichtungen, singen ebenfalls Deinen Ruhm. Wie können gewöhnliche Sterbliche – Dichter und Gelehrte – Deinem Ruhm gerecht werden?

tuma upakāra sugrīvahĩ kīnhā /
rāma milāya rāja-pada dīnhā // 16 //

Du hast Sugrīva einen großen Dienst erwiesen, indem Du ihn zu Rāma geführt und ihm die Herrschaft über sein Königreich zurückgegeben hast.

tumharo mantra bibhīṣana mānā /
laṅkesvara bhae saba jaga jānā // 17 //

Bibhīṣana hat Deinen Rat befolgt und wurde Herrscher von Laṅkā. Das ist allgemein bekannt.

juga sahasra jojana para bhānū /
līlyo tāhi madhura phala jānū // 18 //

Aus großer Entfernung hast Du die Sonne verschluckt, weil Du sie für eine süße Frucht gehalten hast.

prabhu mudrikā meli mukha māhī̃ /
jaladhi lā̃ghi gaye acaraja nāhī̃ // 19 //

Kein Wunder, dass Du den Ozean überqueren konntest, denn Du trugst Rāmas Ring im Mund.

durgama kāja jagata ke jete /
sugama anugraha tumhare tete // 20 //

Alle Aufgaben der Welt, wie schwierig sie auch sein mögen, werden durch Deine Gnade leicht.

rāma duāre tuma rakhavāre /
hota na ājñā binu paisāre // 21 //

Du bist der Wächter am Eingang zur Wohnstätte Ramas, zu der niemand ohne Deine Einwilligung Zutritt hat.

saba sukha lahai tumhārī saranā /
tuma racchaka kāhū ko ḍara nā // 22 //

Wer Zuflucht bei Dir sucht, genießt alle Wonne und, mit Dir als Beschützer, erfährt er keine Furcht mehr.

āpana teja samhāro āpai /
tīnõ loka hā̃ka tẽ kā̃pai // 23 //

Deinen strahlenden Glanz beherrschst nur Du allein und Dein durchdringendes Brüllen bringt die drei Welten zum Erzittern.

bhūta pisāca nikaṭa nahī̃ āvai /
mahābīra jaba nāma sunāvai // 24 //

Wenn Dein Name, Māhāvira, ständig wiederholt wird, wagen Geister und Kobolde nicht näher zu kommen.

nāsai roga harai saba pīrā /
japata nirantara hanumata bīrā // 25 //

Ständige Wiederholung Deines Namens, tapferer Hanumān, löst alle Krankheiten und alles Leiden auf.

saṅkaṭa tẽ hanumāna chuḍāvai /
mana krama bacana dhyāna jo lāvai // 26 //

Wenn jemand sich in Gedanke, Wort und Tat auf Hanumān konzentriert, wird er aus jeder schwierigen Lage befreit.

saba para rāma tapasvī rājā /
tina ke kāja sakala tuma sājā // 27 //

Obwohl Rāma selbst der höchste Asket ist, der Herr aller, so hast Du, Hanumān, all seine Aufgaben ebenfalls erfolgreich erfüllt.

aura manoratha jo koi lāvai /
soi amita jīvana phala pāvai // 28 //

Wer auch immer irgendwelche Wünsche vor dich bringt, wird mit zahllosen Früchten im Leben belohnt.

cārõ juga paratāpa tumhārā /
hai parasiddha jagata ujiyārā // 29 //

Über alle vier Zeitalter erstrahlt dein Ruhm in der Welt, das ist bekannt.

sādhu santa ke tuma rakhavāre /
asura nikandana rāma dulāre // 30 //

Du beschützt Heilige und Weise, vernichtest die Dämonen und bist Rāma lieb.

aṣṭa siddhi nau nidhi ke dātā /
asa bara dīna jānakī mātā // 31 //

Du bist der Verleiher der acht siddhis und der neun nidhis – diese Gabe hat Dir Jānāki geschenkt.

rāma rasāyana tumhare pāsā /
sadā raho raghupati ke dāsā // 32 //

Du besitzt rāma-rasāyana, süße Hingabe an Rama, denn du warst stets der Diener des Herrn der Raghus.

tumhare bhajana rāma ko pāvai /
janama janama ke dukha bisarāvai // 33 //

Wenn der spirituelle Schüler Deinen Ruhm singt, erreicht er Rāma und vergisst die Leiden vieler Leben.

anta kāla raghu-bara pura jāī /
jahā̃ janma hari-bhakta kahāī // 34 //

Schließlich gelangt Dein Anhänger zur Wohnstatt Rāmas, wenn er wiedergeboren wird, wird er ein Verehrer Haris.

aura devatā citta na dharaī /
hanumata sei sarba sukha karaī // 35 //

Wer keinen anderen Gott außer Hanumān verehrt, genießt alle Wonne.

saṅkaṭa kaṭai miṭai saba pīrā /
jo sumirai hanumata bala-bīrā // 36 //

Wenn jemand ständig den Namen des heldenhaften Hanumān wiederholt, verschwinden alle Schwierigkeiten und alle Leiden haben ein Ende.

jai jai jai hanumāna gosāī̃ /
kṛpā karahu guru deva kī nāī̃ // 37 //

Ehre, Ruhm und Preis Dir Hanumān, schenke mir Deine Gnade als mein guru.

jo sata bāra pāṭha kara koī /
chūṭahi bandi mahā sukha hoī // 38 //

Wer dies hundert Mal rezitiert, wird frei von Bindung und genießt höchste Wonne.

jo yah(a) paṛhai hanumāna calīsā /
hoya siddhi sākhī gaurīsā // 39 //

Wer diesen Hanumān cālīsā liest, erlangt Vollkommenheit. Das bezeugt Śiva.

tulasīdāsa sadā hari cerā /
kījai nātha hṛdaya mahā ḍerā // 40 //

Tulsidās sagt: „O Hanumān, der Du der nimmermüde Diener Rāmas bist, sei gnädig und wähle mein Herz als Deine Wohnstatt."

Dohā:

pavana-tanaya saṅkaṭa harana,
maṅgala mūrati rūpa /

rāma laṣana sītā sahita,
hṛdaya basahu sura bhūpa // II //

O Sohn des Windgottes, Befreier von allen Schwierigkeiten, die reine Verkörperung von allen Segnungen! O König der Unsterblichen, nimm auf ewig Wohnsitz in meinem Herzen, zusammen mit Rāma, Lakṣmaṇa und Sītā.

siya-vara rāmacandra pada jay śaraṇam

maṅgala-mūrati māruta-nandan,
sakalāmaṅgala-mūla-nikandan (2x)

bolo bajaraṅg(a) balī
mahārāj(a) kī jay

oder:

śrī rām jaya rām jaya jaya rām.... (4x)
sītā rām sītā rām sītā rām sītā rām... (4x)
śrī rām jaya rām jaya jaya rām....

FRIEDENSGEBETE, SEGENSWÜNSCHE, ĀRATĪ

800. Mahā-mṛtyuñjaya-mantra

oṃ tryambakaṃ-mokṣa-mantra

Der *Oṃ tryambakaṃ-mokṣa-mantra* wird auch „*Mahā-mṛtyuñjaya-mantra*" (großer, Sterblichkeit überwindender Mantra) genannt. Wir können mit diesem Mantra heilende Energie an unsere Organe oder an andere Menschen schicken, die körperlich oder seelisch leiden.

Dieser Mantra wird auch wiederholt, um vor Unfällen auf Reisen beschützt zu werden. Es ist auch geeignet, kürzlich Verstorbenen Energie zu geben. Dieser Mantra ist ein *Śiva-mokṣa* (Befreiung)-*mantra.* Es wird gewöhnlich 3, 9, 27 oder 108 mal wiederholt. Insbesondere am Geburtstag ist es sehr wirkungsvoll, diesen Mantra so oft wie möglich zu wiederholen.

om

tryambakaṃ yajāmahe '
sugandhiṃ puṣṭi-vardhanam /
urvārukam iva bandhanān '
mṛtyor mukṣīya māmṛtāt // (3x)

Wir verehren die Höchste Kosmische
Wirklichkeit, die überallhin ausstrahlt
und das Wohlergehen aller Wesen bewirkt.
Möge diese Höchste Wirklichkeit uns
innerlich reifen lassen, sodass wir die
Höchste Unsterblichkeit erfahren.

801. Friedensgebete

Die folgenden sind Gebete für den Frieden in der Welt und das Wohlergehen aller. Für andere zu beten öffnet das Herz und füllt unseren Geist mit Mitgefühl. Die durch diese Mantras geschaffenen positiven Schwingungen helfen, die astrale Atmosphäre zu reinigen und bringen allen Frieden und Trost.

sarveṣāṃ svasti bhavatu '
sarveṣāṃ śāntir bhavatu /
sarveṣāṃ pūrṇaṃ bhavatu '
sarveṣāṃ maṅgalaṃ bhavatu // 1 //

Om – Wohlergehen sei mit allen.
Friede sei mit allen. Fülle sei mit allen.
Reichtum sei mit allen.

sarve bhavantu sukhinaḥ '
sarve santu nirāmayāḥ /
sarve bhadrāṇi paśyantu '
mā kaścid duḥkha-bhāg bhavet // 2 //

Mögen alle glücklich sein. Mögen alle frei von Krankheiten sein. Mögen alle Schönes sehen. Möge niemand Sorgen haben.

asato mā sad gamaya '
tamaso mā jyotir gamaya /
mṛtyor māmṛtaṅ gamaya // 3 //

Om - führe mich vom Unwirklichen zum Wirklichen, von der Dunkelheit zum Licht, von der Sterblichkeit zur Unsterblichkeit.

om

pūrṇam adaḥ pūrṇam idaṃ '
pūrṇāt pūrṇam udacyate /
pūrṇasya pūrṇam ādāya '
pūrṇam evāvaśiṣyate // 4 //

Om. Jenes ist Fülle, dieses ist Fülle, aus der Fülle kommt Fülle hervor. Wenn man von der Fülle Fülle nimmt, bleibt Fülle übrig.

oṃ śāntiḥ śāntiḥ śāntiḥ // 5 //

Om Frieden Frieden Frieden

802. Allumfassendes Gebet

Von Swami Sivananda

O anbetungswürdiger Gott
voll Barmherzigkeit und Liebe,
Gruß Dir, in Demut gebeugt.
Sein ist Dein Wesen,
Wissen und Seligkeit.
Allgegenwärtig bist Du,
allmächtig, allwissend.
Im Innern aller Wesen
wohnst Du.
Gib uns ein verstehendes Herz,
die rechte Einsicht,
ausgeglichenes Gemüt,
Vertrauen, Hingebung und Weisheit.
Lege in uns geistige Kraft,
Versuchungen zu widerstehen,
und Denken und Wollen
zu beherrschen.
Befreie uns von Selbstsucht,
Gier, Zorn und Hass.
Erfülle unser Herz
mit göttlichen Tugenden.
Lass uns Dich erschauen

in all den Namen und Gestalten.
Lass uns Dir dienen
in all den Namen und Gestalten.
Lass uns allezeit Deiner gedenken.
Lass uns stets
Deine Herrlichkeit singen.
Lass Deinen Namen
stets auf unseren Lippen sein.
Lass uns in Dir bleiben allezeit.

803. Gruß an das Göttliche und die Meister

Satsang-Leiter:

oṃ bolo sadguru śivānand(a) mahārāj(a) kī ... // 1 //

Alle:

jay!

Verehrung und Dankbarkeit
dem Wahrheitslehrer Sivananda.

(Satsang-Leiter:

oṃ bolo (ādiguru) śaṅkarācārya mahārāj(a) kī ... // 2 //

Alle:

jay!

Verehrung und Dankbarkeit
dem Lehrer Śaṅkara.)

saccidānand(a) bhagavān(a) kī jay // 1 //

Es lebe der Gott, [der] Sein, Bewußtsein [und] Glückseligkeit [ist]!

viśvanāth(a) bhagavān(a) kī jay // 2 //

Es lebe Gott, [welcher] der Herr des Universums [ist]!

śaṅkarācārya bhagavān(a) kī jay // 3 //

Es lebe der ehrwürdige Śaṅkarācārya!

sadguru śivānand(a) mahārāj(a) kī jay // 4 //

Es lebe der wahre Guru Śivānanda Mahārāja!

divya nām(a) bhagavān(a) kī jay // 4 //

Es lebe der Gott, [welcher] der göttliche Name [ist]!

sarva santana kī jay // 5 //

Alle Heiligen sollen leben!

sanātan(a) dharm(a) kī jay // 6 //

Es lebe die ewige Religion!

sarva dharmõ kī jay // 7 //

Alle Religionen sollen leben!

gaṅgā mayyā kī jay // 8 //

Es lebe Mutter Gaṅgā!

namaḥ pārvatī-pataye,
hara hara mahādev // 9 //

Verehrung dem Gemahl der Pārvatī!
Hara, Hara, großer Gott!

804. Āratī – Lichtzeremonie

Licht wird vor dem Altar geschwenkt. Es ist gleichzeitig Opfer, Symbol für das Bringen von Licht und Erleuchtung durch spirituelle Handlungen und das Verbrennen aller Negativität. Die dabei wiederholten Mantras rufen die verschiedenen Aspekte Gottes und die Energien der Meister an.

Das Überstreifen mit der Flamme symbolisiert das Reinigen unseres Geistes, das Aufnehmen von Licht, und die Erweckung des dritten Auges. *Prasād* ist Opfergabe an Gott. Man bietet Gott Obst oder Süßigkeiten dar, die anschließend unter die Anwesenden verteilt werden.

Āratī hilft, die astrale Atmosphäre eines Raumes zu reinigen, positive Schwingungen zu erzeugen und ist ein Symbol für das Opfern aller Handlungen an Gott und den Nächsten.

jaya jaya āratī vighna-vināyaka,
vighna-vināyaka śrī-gaṇeśa // 1 //

jaya jaya āratī subrahmaṇya,
subrahmaṇya kārttikeya // 2 //

jaya jaya āratī veṇu-gopāla,
veṇu-gopāla veṇu-lola,

pāpa-vidūra navanīta-cora // 3 //

jaya jaya āratī veṅkaṭa-ramaṇa,
veṅkaṭa-ramaṇa saṅkaṭa-haraṇa,

sītā-rāma rādheśyāma // 4 //

jaya jaya āratī gaurī-manohara,
gaurī-manohara bhavānī-śaṅkara,

sāmba-sadāśiva umā-maheśvara // 5 //

jaya jaya āratī rāja-rājeśvarī,
rāja-rājeśvarī tri-pura-sundarī,

mahālakṣmī mahāsarasvatī,
mahākālī mahāśakti // 6 //

jaya jaya āratī āñjaneya,
āñjaneya hanumanta // 7 //

jaya jaya āratī dattātreya,
dattātreya tri-mūrty-avatāra // 8 //

jaya jaya āratī ādityāya,
ādityāya bhāskarāya // 9 //

jaya jaya āratī śanīśvarāya,
śanīśvarāya bhāskarāya // 10 //

jaya jaya āratī śaṅkarācārya,
śaṅkarācārya advaita-gurave // 11 //

jaya jaya āratī sadgurunātha,
sadgurunātha śivānanda // 12 //

jaya jaya āratī jesus-gurave,
moses-gurave, buddha-gurave // 13 //

jaya jaya āratī muhammad-gurave,
lao-tse-gurave // 14 //

samasta-gurubhyo namaḥ // 15 //

jaya jaya āratī veṇu-gopāla // 16 //

804b. Rājādhirājāya āratī

om

rājādhirājāya prasahya-sāhine '
namo vayaṃ vaiśravaṇāya kurmahe /

sa me kāmān kāma-kāmāya mahyaṃ '
kāmeśvaro vaiśravaṇo dadātu /

kuberāya vaiśravaṇāya '
mahārājāya namaḥ //

804c. Na tatra sūryo bhāti

om

na tatra sūryo bhāti na candra-tārakaṃ
nemā vidyuto bhānti kuto 'yam agniḥ /

tam eva bhāntam anubhāti sarvaṃ
tasya bhāsā sarvam idaṃ vibhāti //

804d. Gaṅge ca yamune caiva

om

gaṅge ca yamune caiva '
godāvari sarasvati /
narmade sindho kāveri '
namas tubhyaṃ namo namaḥ //

- *Śiva āratī (nīrājana), Nr. 259*
- *Devī āratī, Nr. 314*
- *Gaṅgā āratī, Nr. 312*

805. Tvam eva mātā – Widmung

tvam eva mātā
ca pitā tvam eva '
tvam eva bandhuś ca
sakhā tvam eva /
tvam eva vidyā
draviṇaṃ tvam eva '
tvam eva sarvaṃ
mama deva-deva // 1 //

O Gott der Götter! Du allein bist Mutter, Vater, Verwandter, Freund, Wissen, Reichtum und alles.

kāyena vācā
manasendriyair vā '
buddhyātmanā vā
prakṛteḥ svabhāvāt
karomi yad yat
sakalaṃ parasmai '
nārāyaṇāyeti samarpayāmi // 2 //

Was auch immer ich an Handlungen mit Körper, Sprache, Geist, Sinnen, Intellekt, Natur oder Emotionen ausführe, alle diese opfere ich dem Höchsten Gott.

sarva-dharmān parityajya '
māṃ ekaṃ śaraṇaṃ vraja /
ahaṃ tvā sarva-pāpebhyo '
mokṣayiṣyāmi mā śucaḥ // 3 //

Gib alle dharmas auf, nimm Zuflucht zu mir allein. Ich werde dich von allen Unvollkommenheiten befreien, sorge dich nicht. (Bhagavad-Gītā XVIII, 66)

806. Maṅgalācaraṇa

Anrufung – Segenswünsche

om

svasti prajābhyaḥ paripālayantāṃ '
nyāyyena mārgeṇa mahīṃ mahīśāḥ /
go-brāhmaṇebhyaḥ śubham astu nityaṃ '
lokāḥ samastāḥ sukhino bhavantu // 1 //

Mögen alle Wesen Frieden und Wohlergehen erfahren. Mögen die Könige und Regierenden auf rechtschaffene Art und Weise regieren. Mögen alle stets glücklich sein, Kühe und Brahmanen. Möge in allen Welten Glück herrschen.

kāle varṣatu parjanyaḥ '
pṛthivī sasya-śālinī /
deśo 'yaṃ kṣobha-rahito '
brāhmaṇās santu nirbhayāḥ // 2 //

Lass Regen zur rechten Zeit und in richtigem Maße fallen, sodass die Erde fruchtbar werde und reiche Ernte bringe. Verschone das Land vor Schwierigkeiten jeder Art. Mögen die Priester frei von jeder Furcht vor Verfolgung leben.

aśubhāni nirācaṣṭe '
tanoti śubha-santatim /
smṛti-mātreṇa yat puṃsāṃ '
brahma tan maṅgalaṃ param // 3 //

Möge keinerlei Unglück irgendwo sein. Möge brahman, das Höchste Wesen, die Menschheit mit wohlerzogenen Kindern segnen und uns alle Glücksgüter verleihen.

atikalyāṇa-rūpatvān '
nitya-kalyāṇa-saṃśrayāt /
smartṝṇāṃ varadatvāc ca '
brahma tan maṅgalaṃ viduḥ // 4 //

Erkenne jenes brahman als höchste umfassende Glücksverheißung, als all das, was als Glück erscheint, das die ewige Quelle allen Glückes ist, das die Wünsche all jener erfüllt, die über Es meditieren.

oṅkāraś cātha śabdaś ca '
dvāv etau brahmaṇaḥ purā /
kaṇṭhaṃ bhitvā viniryātau '
tasmān māṅgalikāv ubhau // 5 //

om atha om atha om atha // 6 //

Es heißt, am Anfang sprach Brahman die beiden Klänge „om" und „atha" (jetzt); deshalb sind sie segensreich.

maṅgalam asmad-gurūṇām,
maṅgalaṃ me astu,
sarveṣāṃ maṅgalaṃ bhavatu // 7 //

*Möge Segen auf unseren Meistern ruhen.
Möge auch ich gesegnet sein.
Mögen alle gesegnet sein.*

oṃ śāntiḥ oṃ śāntiḥ
oṃ śāntiḥ om // 8 //

Om Frieden Om Frieden
Om Frieden Om

Symbolik der Āratī

Licht wird vor dem Altar geschwenkt. Dies symbolisiert, dass Gott *jyoti-svarūpa* ist, also der, dessen eigentliche Form Licht ist.

Der Betende sagt: O Gott! Du bist das Licht in der Sonne, im Mond und im Feuer. Nimm die Dunkelheit von mir fort, indem Du mir von Deinem göttlichen Licht gibst. Möge mein Verstand erleuchtet werden.

Das Verbrennen von Kampfer bedeutet, dass das Verhaftetsein im Ich schmelzen soll wie der Kampfer und die individuelle Seele eins werden soll mit dem höchsten Licht der Lichter.

Prasād ist die Opfergabe an Gott. Man opfert süßen Reis, Früchte, Milch und Ähnliches. Nachdem sie Gott dargebracht wurden, werden sie unter den Anwesenden verteilt. Besonders wichtig ist dabei die geistige Einstellung (*bhāva*).

Äußere Symbole sollten auf dem spirituellen Weg nicht vernachlässigt werden, da sie sehr hilfreich sind. Richtig betrachtet, spielen sie sowohl im materiellen wie im spirituellen Leben eine wichtige Rolle.

808. Universal Prayer

Von Swami Sivananda

O Adorable Lord of Mercy
and Love,
Salutations and prostrations
unto Thee.
Thou art Omnipresent,
Omnipotent and Omniscient.
Thou art saccidānanda.
Thou art Existence, Knowledge
and Bliss Absolute.
Thou art the Indweller of all beings.
Grant us an understanding heart,
equal vision,
Balanced mind, faith, devotion
and wisdom.
Grant us inner spiritual strength
to resist temptation
and to control the mind.
Free us from egoism, lust, anger,
greed, hatred and jealousy.
Fill our hearts with Divine virtues.
Let us behold Thee in all these names
and forms.
Let us serve Thee in all these
names and forms.

Let us ever remember Thee.
Let us ever sing Thy glories.
Let Thy name be ever on our lips.
Let us abide in Thee for Ever
and Ever.
Om bolo sadguru śivānand(a)
mahārāj(a) kī - jay!

809. Gebet des heiligen Franziskus von Assisi

Gott,
Mache mich zum Werkzeug
Deines Friedens:
Dass ich Liebe bringe,
wo man sich hasst,
Dass ich Versöhnung bringe,
wo man sich kränkt,
Dass ich Einigkeit bringe,
wo Zwietracht ist,
Dass ich den Glauben bringe,
wo Zweifel quält,
Dass ich die Hoffnung bringe,
wo Verzweiflung droht,
Dass ich die Freude bringe,
wo Traurigkeit ist,
Dass ich das Licht bringe,
wo Finsternis waltet.
O Meister,
Hilf mir, dass ich nicht nur
danach verlange
Getröstet zu werden,
sondern zu trösten,
Verstanden zu werden,
sondern zu verstehen,
Geliebt zu werden,
sondern zu lieben.

Denn:
Wer gibt, der empfängt,
Wer verzeiht,
dem wird verziehen,
Wer stirbt,
der wird zum ewigen
Leben geboren.

Amen

HINWEISE ZUR AUSSPRACHE VON SANSKRIT

Es lohnt sich, Sanskrit richtig auszusprechen, da so die Verständlichkeit der Wörter und der schöne Klang gewahrt bleiben.

Die richtige Aussprache ergibt sich aus dem auf **Seite 132** dargestellten Alphabet. Spezielle Zeichen zeigen, ob ein Vokal lang oder kurz ist und wie ein Konsonant genau artikuliert wird.

Vokale mit Strich darüber (*ā, ī, ū*) sowie e und o sind immer lang (z.B. *ānanda* wie in Saat und *oṃ* wie in Boot), d.h. sie werden doppelt so lang ausgesprochen wie die kurzen Vokale *a, i, u, ṛ*.

Z.B.: *śastra* bedeutet 'Waffe', *śāstra* 'Lehrtext'; *bala* 'Kraft', *bāla* 'Kind', *Kālī* 'die schwarze Göttin', *kali* 'Zeitalter, in dem wir leben'.

Kurzes *a* wird geschlossen ausgesprochen, d.h. der Mund wird nicht so weit geöffnet wie beim deutschen a.

Das *ṛ* wird als Vokal aufgefasst und in Nordindien zu ri, in Mahārāṣṭra (ind. Bundesstaat) zu ru.

Bei Konsonanten ist die Unterscheidung zwischen aspirierten und unaspirierten Konsonanten für die Bedeutung der Wörter sehr wichtig, aber für Deutsche nicht einfach:

ka – kha, ga – gha, ca – cha, ja – jha, ṭa – ṭha, ḍa – ḍha, ta – tha, da – dha, pa – pha, ba – bha.

Bei der Aussprache der unaspirierten Konsonanten sollte sich eine vor den Mund gehaltene Kerzenflamme möglichst nicht bewegen, wie bei dem französischen Wort 'table'.

Konsonanten mit Punkt darunter (*ṭ, ṭh, ḍ, ḍh, ṇ, ṣ*) werden mit (Richtung Gaumen) zurückgebogener Zunge gesprochen.

Das *ḥ* innerhalb von Wörtern, Sätzen, Strophen und am Ende von Wörtern (wenn nicht durch spezielle Regeln verändert): Hauchlaut; am Ende von Sätzen, Strophen: wie h mit kurzer Wiederholung des vorangehenden Vokals:

Śivaḥ → Śivaha, Viṣṇuḥ → Viṣṇuhu, Hariḥ → Harihi etc.

Das *ṃ* im Glossar kann oft als m ausgesprochen werden oder wird dem folgenden Konsonanten angeglichen (was meist bereits so dasteht).

Der Konsonant *r* ist ein Zungen-r.

Das *ś* entspricht ungefähr dem deutschen sch. Bei *c* liegt die Zunge zwar an derselben Stelle, es wird jedoch tsch ausgesprochen: tschakras (cakras) sind die Energiezentren im feinstofflichen Körper, Schakra (Śakra) dagegen ist ein Beiname des Götterkönigs Indra.

Hindi

Kurzes *a* am Ende von Sanskrit- (und anderen) Wörtern wird nicht ausgesprochen, außer manchmal in Gedichten. **Sonstige Veränderungen im Hindi:**

Die auf *-in* und *-an* auslautenden Sanskrit-Stämme werden im Hindi zu *-ī* und *-ā* (Sanskrit-Nominative): *sannyāsin* wird zu *sannyāsī*, *advaitin* zu *advaitī*, *yogin* zu *yogī*, *mahātman* zu *mahātmā*.

Das Sanskrit-Alphabet

Die Sprechwerkzeuge (Artikulationsorgane)

I ... Luftröhre
II ... Speiseröhre
III ... Rachenhöhle (Pharynx)
IV ... Mundhöhle
V ... Nasenhöhle

1 ... Lippen (Labia)
2 ... Zähne (Dentes)
3 ... Zahndamm (Alveolen)
4 ... harter Gaumen (Palatum)

5 ... weicher Gaumen (Velum)
6 ... Zäpfchen (Uvula)

7 ... Zunge (Lingua)
8 ... Zungenspitze
9 ... Zungenblatt
10 ... Vorderzunge
11 ... Hinterzunge
12 ... Zungenwurzel

13 ... Kehldeckel
14 ... Kehlkopf (Larynx)
... mit Stimmlippen (Voces)

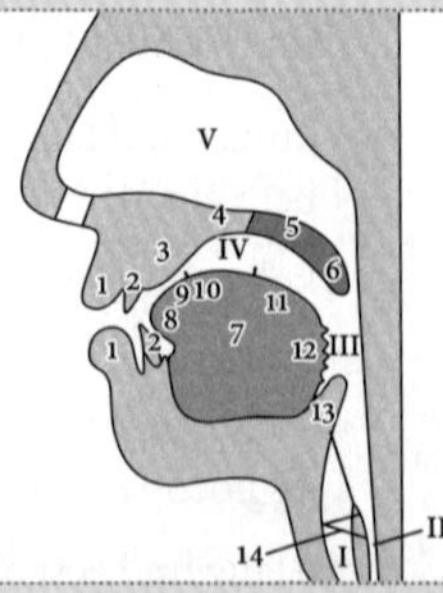

einfache kurze und lange Vokale

a	ā	i	ī	u	ū	ṛ	ṝ	ḷ, ḹ

Diphtonge

		e	ai	o	au			

Konsonanten

1.Velare	ka	kha	ga	gha	ṅa
2. Palatale	ca	cha	ja	jha	ña
3. Retroflexe	ṭa	ṭha	ḍa	ḍha	ṇ
4. Dentale	ta	tha	da	dha	na
5. Labiale	pa	pha	ba	bha	ma
6. Halbvokale	ya	ra	la	va	
7. Zischlaute	śa	ṣa	sa		
8. Hauchlaut	ha				

sekundäre Lautzeichen	ḥ – Visarga, (Hauchlaut, am Ende von Sätzen mit nachklingendem Vokal)	ṃ – Anusvāra (entspricht im Wort oft den Nasalen der Reihen 1-5; am Wortende oft = m) m̐ – Anunāsika, nasaliert Vokale und Konsonanten

zusätzliche Laute und Zeichen im Hindi

~	Tilde, Anunāsika, für nasalierte Vokale	*mẽ, hū̃, bā̃surī, ū̃ṭ maĩ (nasaliertes ä)*
ṛa, ṛha	retroflexe 'Flaps', einmaliger Anschlag der Zunge hinter dem Zahndamm	*paṛā, baṛhāo*
qa, kha, ga, za, fa	Reibelaute aus dem Arabischen und Persischen	*qalandar, haq, khudā, gazal, zikr, faqīr*

Erklärungen zur Aussprache

a, ā	*a* geschlossen (wie Schluss-er oder -e im Hochdeutschen), *ā* offen gesprochen	Mal**er**, Mad**e**	*hara, hāra, bala, bāla,*
ṛ, ṝ	kurzes und langes *ṛ*: im Norden klingt bei *ṛ* ein *i* leicht mit: r^{i} (Zungen-r)	-	*Kṛṣṇa* ≈ *Kr^{i}shna, pitṝn* ≈ *pitrrn*
ḷ, ḹ	kommt nur in *kḷp* vor, *i* klingt leicht mit, wie bei *ṛ*	-	*kḷpta* ≈ *kl^{i}pta*
e, ai	*e* lang und geschlossen, *ai* geschlossener als hochdeutsches ai (nur in Hindi ä/ey)	Meer, ≈ Neid	*Narendra, Lakṣmyai*
o, au	*o* lang und geschlossen; *au* ist meist etwas geschlossener als hochdeutsches au	Brot, Braut	*om, agnau*
Reihen 1-5	Unterscheidung zwischen behauchten und unbehauchten Lauten beachten	frz. contre, dt. K^{h}ind,	*kāka, khecarī, go, vighna* usw.
ṅa	nur vor Velaren wie in Enkel und im Englischen ankle	engl. junk, single	*ahaṅkāra, oṅkāra, aṅga*
ca, cha	*cakra*: Aussprache tschakra, nicht(!): schakra	ital. ciao tsch^{h}üss	*pacāmi, chāyā*
ja, jha	stimmhaftes dsch; *jña*: Hindi *gya*, in Mittelindien *dñya*	Dschungel	*jaya, jhallarī, jñāna*
ña	steht nur vor Palatalen	engl. angel	*pañca, Patañjali*
ṭa, ṭha etc.	Aussprache mit an Gaumen gebogener Zunge; diese Laute gibt es nur in Indien	-	*jaṭā, haṭha, tāḍa, mūḍha, Gaṇeśa*
ya	wie deutsches ja	Jugend	*yoga, mayūra*
ra	Zungen-r wie im Bayrischen	Radi	*Rāma, para-*
la	wie im Deutschen, dental	Lilie	*Lalitā, līlā*
va	Schneidezähne berühren Unterlippe	Wolke	*vāyu, iva, eva*
śa	palatal wie Reihe 2	≈ Schiff	*Śiva, vṛścika*
ṣa	retroflex wie Reihe 3	-	*Viṣṇu, Kṛṣṇa*
sa	dental wie Reihe 4, stimmlos	Gasse	*Sarasvatī, sat*
ha	Aushauch mit leicht geöffnetem Mund	Haus	*Hari, Hara, aham*

INDEX (MIT LIEDNUMMERN)

L

M

N

O

T

U

V

W

Y